AF596483

COMITÉ DE VIGILANCE
POUR L'APPLICATION DES DISPOSITIONS LÉGALES QUI INTERDISENT EN FRANCE
L'EMPLOI DU BLANC DE CÉRUSE
et la Ratification Universelle de la Convention Internationale ayant le même objet
Fondé sous le régime de la Loi du 1er Juillet 1901
SIÈGE SOCIAL : 178, RUE ORDENER - PARIS (XVIIIe)

L'INTERDICTION
DE L'EMPLOI DE LA
CÉRUSE
DANS LA
PEINTURE

devant la Troisième Conférence Internationale du Travail
GENÈVE (Octobre-Novembre 1921)

Lorsqu'une loi est votée, la moitié seulement de la besogne est faite.
(WALDECK-ROUSSEAU).

Les lois valent ce que valent les hommes chargés d'en assurer l'application.
(Antonin DUBOST).

NANTES
IMPRIMERIE MEIGNEN & BÉNAZETH
12, Rue Haudaudine, 12

1924

L'INTERDICTION DE L'EMPLOI DE LA CÉRUSE DANS LA PEINTURE

I

Le saturnisme est la maladie professionnelle-type dans tous les pays et tient la première place dans la pathologie du travail.

Le danger représenté par le plomb, en général et par la céruse en particulier, se trouve encore accru par la manière sournoise et lente dont ce poison gagne l'organisme.

Les enquêtes conduites par les spécialistes dans tous les pays ont établi que les ouvriers peintres atteints de saturnisme présentent la plus forte morbidité et la plus faible résistance aux maladies infectieuses, ainsi qu'en témoignent les statistiques relatives à la mortalité par fièvre typhoïde, par exemple.

Malheureusement, le manque de précision dans le diagnostic des différentes formes morbides sous lesquelles l'intoxication saturnine se dissimule, a eu pour conséquence que les statistiques concernant le saturnisme sont incomplètes.

Nous disposons cependant d'un certain nombre de données qui prouvent, d'une manière indéniable, la gravité du problème saturnin dans le métier de peintre.

En Angleterre, il a été possible aux Inspecteurs de relever de nombreux cas de saturnisme dans la profession de peintre. En dix années (1900-1909) le nombre total des cas de saturnisme chez les peintres a été de 1.973, dont 383 mortels ; au contraire, le total des cas de saturnisme dans toutes les autres industries soumises à la loi s'élevait à 6.762, dont 275 mortels. La proportion de cas mortels est donc de 4.06 % contre 19.41 % pour les peintres.

Les chiffres fournis par les caisses de maladie allemandes prouvent, également, le danger extraordinaire auquel les peintres sont exposés par l'emploi de la céruse. La statistique préparée par les Caisses de maladie de LEIPZIG (1910) signale une proportion de 351 cas de saturnisme pour 100.000 adhérents obligatoires (770 pour les volontaires). Dans le tableau des maladies saturnines classées par profession, les peintres figurent avec le chiffre de 60.4 % contre 34.8 % pour les ouvriers de la porcelaine et 43.4 pour les typographes. Les maladies, réparties en 50 catégories, intéressent en première ligne (pour 1/3) les peintres, suivis par les ouvriers des fabriques de céruse et de couleurs plombiques (20 %), des fonderies de plomb et de zinc, etc... Sur 100 cas de saturnisme observés dans les hôpitaux de Prusse (1904-1908), les peintres présentent la proportion la plus élevée et sont suivis à distance par les fondeurs et les cérusiers : la moyenne est en effet de 34.6 pour les peintres, contre 22.9 pour les cérusiers et 13 pour les fondeurs.

II

La question de la lutte contre le saturnisme a déjà préoccupé le Comité d'organisation de la Conférence de WASHINGTON. Cette Conférence reconnut les dangers particuliers de l'intoxication saturnine et adopta à l'unanimité une recommandation concernant la protection des femmes et des enfants contre le saturnisme. Par cette recommandation les Membres de l'Organisation internationale du Travail étaient invités à interdire aux femmes et aux jeunes gens de moins de 18 ans l'accès de certaines industries présentant de graves dangers d'intoxication saturnine.

En protégeant seulement les femmes et les enfants, la Conférence n'a pas voulu laisser entendre que, seules, ces deux catégories de travailleurs étaient exposées aux dangers du saturnisme. Le rapport de la Commission des travaux insalubres reconnaît, au contraire, que l'intoxication par le plomb « affecte les hommes, les femmes et les enfants dans l'industrie ». La Conférence n'a pas entendu non plus énumérer limitativement dans la recommandation les catégories d'industries susceptibles de présenter un danger spécialement grave. Elle n'a, en aucune manière, réglementé le domaine de la protection contre le saturnisme de façon définitive et complète. Ceci ressort, du reste, clairement du fait suivant :

M. Bidegarray, délégué ouvrier français, présenta une motion demandant que la Commission des travaux insalubres s'occupât de l'interdiction de l'emploi de la céruse dans la peinture en bâtiment. Cette question ne figurant pas à l'ordre du jour, il ne fut pas possible de la discuter. Mais le rapporteur déclara « exprimer l'opinion générale des membres de la Commission en faisant remarquer l'importance de la question et en signalant que des mesures ont déjà été prises dans certains pays et que dans d'autres elles sont à l'étude ». La Commission exprima l'avis que cette question fût « renvoyée au Bureau International du Travail pour être inscrite à l'ordre du jour de la prochaine Conférence ».

C'est pour donner suite à cette invitation que le Conseil d'Administration du Bureau International du Travail a mis la question de l'interdiction de l'emploi de la céruse dans l'industrie de la peinture à l'ordre du jour de la Conférence de 1921.

III

Pour donner suite à la décision du Conseil d'Administration, le Bureau International du Travail a adressé aux Gouvernements le questionnaire suivant :

1° Puisqu'il n'est plus question aujourd'hui d'impossibilité technique à remplacer la céruse dans l'industrie de la peinture, êtes-vous d'avis qu'il y a lieu de soumettre à la Conférence un projet de Convention sur l'interdiction de l'emploi de la céruse dans la peinture ?

2° Dans l'affirmative, êtes-vous d'avis qu'il y a lieu de prévoir un délai pour l'application de cette mesure ? Prière d'indiquer, éventuellement, le délai que vous croyez nécessaire et les raisons pour lesquelles un tel délai vous paraît nécessaire.

3° Quelles sont les mesures de contrôle que vous proposez éventuellement pour l'application de cette interdiction ?

4° Si votre Gouvernement n'est pas d'avis d'approuver un projet de convention interdisant l'emploi de la céruse dans la peinture, quelles sont les mesures que vous proposez pour lutter contre les dangers de la fabrication et de l'emploi de la céruse ?

Les réponses des Gouvernements à la question de principe, à savoir : s'il y a lieu de soumettre à la Conférence un projet de convention interdisant l'emploi de la céruse dans l'industrie de la peinture, peuvent se résumer comme suit :

10 pays ont répondu par *l'affirmative* en préconisant l'interdiction sans réserve (Canada, Chine, Finlande, France, Grèce, Italie, Japon, Norvège, Pologne, Serbes-Croates-Slovènes).

3 pays ont répondu par *l'affirmative*, mais en faisant des *réserves* (Belgique, Pays-Bas, Suède).

3 pays se sont prononcés en faveur d'un projet de convention ne *visant que la peinture à l'intérieur* (Allemagne, Autriche, Tchéco-Slovaquie).

3 pays ont allégué la nécessité d'un supplément d'enquête (Danemark, Grande-Bretagne, Suisse).

1 pays a répondu par la négative (Inde).

3 pays n'ont pas donné de réponse définitive (Afrique du Sud, Espagne, Roumanie).

Constatant que la majorité des Gouvernements étaient favorables au principe de l'interdiction de l'emploi de la céruse, le Bureau International du Travail a soumis à l'examen de la troisième Conférence un avant-projet de convention ainsi conçu :

ARTICLE PREMIER

L'emploi dans les travaux de peinture de la céruse et de tout produit spécialisé renfermant de la céruse sera interdit dans les conditions et sous réserve des exceptions prévues ci-après.

ART. 2.

Cette interdiction entrera en vigueur cinq ans après la date de la clôture de la troisième session de la Conférence Internationale du Travail.

ART. 3.

Les dispositions de l'article premier ne seront applicables ni à la peinture d'art ni aux travaux de filage. Chaque Gouvernement déterminera la ligne de démarcation entre ces différents genres de peinture et interdira l'emploi de la céruse ou de tout produit spécialisé renfermant de la céruse en vue de ces travaux, sauf sous forme de pâte ou de peinture prête à l'emploi. L'autorité compétente sera chargée du soin de contrôler l'application des dispositions du présent article, en tenant compte des dispositions de l'article 6 ci-après.

ART. 4.

Dans les cas de travaux de peinture exposés d'une façon permanente ou continue en plein air, à l'exception toutefois des travaux de peinture du bâtiment, pour lesquels l'interdiction de la céruse demeure totale, à l'extérieur comme à l'intérieur, le Gouvernement peut, après consultation avec les organisations patronales et ouvrières intéressées, accorder des dérogations aux dispositions de l'article premier.

Chaque Gouvernement fournira, dans le rapport annuel sur l'application de la présente convention prévue à l'article 408 du Traité de Versailles, à l'article 353 du Traité de Saint-Germain et à l'article 270 du Traité de Neuilly, un exposé détaillé des dérogations accordées en vertu du paragraphe 1er du présent article.

ART. 5.

Toutes les dérogations accordées en vertu de l'article 4 ne s'étendent ni aux femmes ni aux jeunes gens de moins de 18 ans.

ART. 6.

Dans tous les cas où des dérogations seraient accordées en vertu de l'article 4, l'autorité compétente sera chargée de faire appliquer les règlements d'hygiène nécessaires à la protection des travailleurs contre le saturnisme. Ces mesures comprendront notamment :

1o Interdiction du transport, de la mise en vente et de l'emploi de la céruse, sauf sous forme de pâte ou de peinture prête à l'emploi ; étiquetage des récipients qui la contiennent.

2o Mise à la disposition des ouvriers d'intallations spéciales pour les soins de propreté ; surtout exclusivement affectés au travail, à nettoyer une fois par semaine, vestiaires, lavabos.

3o Interdiction du ponçage et du grattage à sec.

4o Visite médicale de chaque ouvrier au moment de son engagement ; renouvellement de la visite médicale à intervalles rapprochés.

5o Déclaration obligatoire des cas de saturnisme.

6o Registre spécial pour chaque ouvrier contenant toutes indications utiles sur sa santé, etc.

7° Interdiction de manger et de fumer sur les lieux de travail.

8° Affichage de notices et distribution de brochures exposant le danger du saturnisme et indiquant les mesures de protection à prendre.

ART. 7.

Dans le cas où des travaux de peinture nécessiteraient le grattage d'anciennes couches de peinture à base de plomb, l'autorité compétente sera chargée d'appliquer les règlements établis conformément aux dispositions de l'article 6.

IV

La 3e Conférence Internationale du Travail, réunie à Genève, en octobre 1921, constitua une Commission de la Céruse, composée de 24 membres. Cette Commission était formée comme suit :

Groupe gouvernemental : Allemagne, Belgique, Bolivie, Canada, Espagne, France, Grande-Bretagne et Italie.

Groupe patronal : Allemagne, Australie, Canada, Danemark, Espagne, France, Grande-Bretagne et Pays-Bas.

Groupe ouvrier : Allemagne, Australie, Belgique, Espagne, France, Grande-Bretagne, Norvège et Suisse (suppléant : Inde).

Au cours de la séance d'ouverture de la commission, tenue le 31 Octobre 1921, M. Obed SMITH (délégué gouvernemental du Canada) fut élu Président, M. Arthur FONTAINE (délégué gouvernemental de France) Vice-Président et Sir Kennett GOADBY (conseiller technique du délégué patronal de Grande-Bretagne), Rapporteur.

La Commission de la céruse comprenait des experts bien connus des questions techniques relatives à la peinture et à sa fabrication, des inspecteurs du travail et des médecins spécialisés dans l'étude des empoisonnements saturnins ; il est probable que cette très difficile question n'avait jamais été discutée d'une façon aussi approfondie qu'elle le fut au cours des longues séances de cette commission.

Au cours des 14 séances, 61 discours furent prononcés, dont 20 par des représentants gouvernementaux, 22 par des représentants patronaux et 19 par des représentants ouvriers. Pendant la troisième séance, le Secrétaire général fut entendu par la Commission.

La Commission a décidé d'aborder successivement les problèmes suivants :

a) Diagnostic du saturnisme ;
b) Importance du saturnisme dans la profession des peintres ;
c) Valeur technique des succédanés de la céruse ;
d) Conséquences économiques et sociales d'une substitution.

Le principal débat se déroula avec âpreté autour de l'interdiction d'une part et de la réglementation d'autre part ; mais afin de posséder en quelque sorte une base scientifique exacte avant de prendre une décision, la Commission confia à une *sous-commission médicale* la tâche préliminaire d'examiner la question si « l'état actuel de la science permet un diagnostic exact du saturnisme ? »

Cette sous-commission fut composée des personnalités médicales suivantes :

Docteur FREY (Allemagne), Professeur K. B. LEHMANN (Allemagne), Professeur CURSCHMANN (Allemagne), Docteur Désiré GLIBERT (Belgique), Docteur José GONZALES Y CASTRO (Espagne), Docteur T. M. LEGGE (Grande-Bretagne), Professeur LORIGA (Italie), Rapporteur : Sir KENNETH GOADBY K. B. E. (Grande-Bretagne).

La conclusion de la sous-commission fut nettement affirmative. Après une étude longue et minutieuse, elle a adopté à l'unanimité la résolution suivante :

« La science médicale est depuis très longtemps à même de diagnostiquer, avec certitude, les cas typiques et graves de saturnisme ».

« Les procédés modernes donnent à la science médicale, c'est-à-dire aux médecins avertis, la faculté » :

« 1° De reconnaître la plupart des cas douteux de saturnisme » ;

« 2° D'éliminer les cas où le saturnisme est invoqué à tort » ;

« 3° De discerner plus tôt que jadis le début de l'absorption de plomb et de l'intoxication saturnine ».

La question du diagnostic résolue, la Sous-Commission médicale fut chargée d'examiner le problème de l'importance du saturnisme. La Sous-Commission arriva, à l'unanimité, aux conclusions suivantes :

a) Réponse à la question : « Quel est le risque du saturnisme dans la profession de peintre selon la statistique ? »

« La Sous-Commission médicale est d'avis qu'en ce qui concerne les peintres qui se servent de céruse et d'autres composés de plomb, le saturnisme est le risque professionnel principal ; toutefois, les statistiquee sont viciées :

1° *Pour la mortalité :*

a) En première ligne, par l'exclusion de cas de morts dues au saturnisme et groupées sous d'autres rubriques.

b) Secondairement, par l'inclusion sous la rubrique saturnisme de cas de morts dues à d'autres causes.

2° *Pour la morbidité :*

Par des lacunes dans les déclarations et dans le contrôle et par d'autres imperfections.

La Sous-Commission médicale ajoute :

« Que la déclaration obligatoire de cas suspects de saturnisme par le médecin et le contrôle par des médecins indépendants désignés par l'Etat, donnera « comme dans certains pays » des statistiques satisfaisantes ».

b) Réponse à la question : « Quelles sont les voies par lesquelles le plomb pénètre le plus fréquemment dans l'organisme ? »

1° La Sous-Commission est d'avis en ce qui concerne la deuxième question, que le danger le plus important est représenté par la poussière qui entre par la bouche et le nez.

2° L'entrée directe du plomb par la peau est pratiquement sans importance Toutefois, de différentes manières, le plomb peut se déposer sur la peau et de là pénétrer dans la bouche.

3° La Sous-Commission médicale attire l'attention sur le danger des méthodes de peinture par pulvérisation. Elle signale aussi le danger secondaire que, dans certaines conditions, présente la projection de gouttelettes.

Alors fut envisagée la question de la prévention. L'interdiction de l'emploi de la céruse dans la peinture impliquait l'existence de succédanés suffisants : sur ce point, les témoignages furent manifestement contradictoires. Il se trouva des hommes de grande expérience pour se prononcer catégoriquement en faveur de certains succédanés, même au point de vue purement technique ; d'autres déclarèrent avec une conviction égale qu'aucun produit n'avait encore été proposé pour remplacer la céruse d'une manière satisfaisante. La Commission ne formula pas d'avis définitif sur le côté technique de la question, mais, d'après ses conclusions dernières, il semble que son opinion générale ait été que certains succédanés égalaient à peu près le blanc de céruse pour la peinture à l'intérieur, mais que pour les travaux à l'extérieur ou les travaux exposés à certaines fumées ou aux intempéries, la céruse était supérieure.

Les partisans de la réglementation avancèrent que le ponçage à sec, regardé comme l'opération la plus dangereuse que comporte la peinture à la céruse, n'était plus nécessaire et que de récentes expériences avaient montré que le ponçage à l'humide, avec lequel tout danger disparaît, était maintenant possible, grâce à l'emploi d'un papier de verre spécial résistant à l'eau. Les délégués ouvriers restèrent cependant sceptiques sur la valeur technique de ce procédé.

L'attention de la commission fut particulièrement attirée sur une autre considération sérieuse : les conséquences que la prohibition aurait pour l'industrie des mines de plomb, dont un cinquième de la production, déclara-t-on, était destiné à la fabrication des peintures. On souligna que la situation de cette industrie est si précaire à l'heure actuelle que l'interdiction radicale de la céruse aurait pour effet d'arrêter l'exploitation d'un grand nombre de mines, ce qui entraînerait des conséquences nombreuses telles qu'une augmentation probable des prix de certains sous-produits de cette industrie.

A la fin de la neuvième séance, le Professeur Armstrong, conseiller technique du délégué patronal d'Australie, soumit à l'examen de la Commission la résolution suivante :

« Attendu qu'il n'est pas prouvé qu'un succédané effectif et complet de la céruse pour la peinture ait été découvert ;

Attendu que le diagnostic des maladies qui affectent les peintres est incertain et qu'il n'est aucunement établi que les cas de saturnisme soient exceptionnellement nombreux ;

Attendu qu'il est généralement admis que la poussière constitue pour les peintres la principale source de danger et qu'on est fondé à croire que le dégagement de poussière peut être efficacement combattu par un procédé de ponçage humide, procédé qui existe déjà en théorie et en pratique ;

La Commission estime qu'il n'est ni nécessaire, dans l'intérêt des peintres et en vue de la protection de leur santé, ni désirable, dans l'intérêt soit des consommateurs, soit des fabricants, de conclure une convention internationale ayant pour objet l'interdiction de l'emploi de la céruse dans la peinture.

La Commission estime en outre que les risques inhérents à la profession de peintre peuvent être entièrement surmontés par l'adoption d'une convention visant les points suivants :

a) La prévention des maladies causées par :
i) La poussière provenant des peintures sous toutes ses formes ;
ii) Les vapeurs dégagées par des produits volatils ;
iii) Le manque de propreté.
b) L'examen médical.
c) La déclaration et la certification obligatoire de tous les cas de saturnisme.
d) La distribution aux ouvriers d'instructions relatives aux mesures d'hygiène spéciales qui doivent être prises dans la profession de peintre ».

Un amendement à cette proposition, et préconisant l'interdiction de l'emploi de la céruse pour tous les travaux de peinture, fut déposé par un délégué ouvrier anglais, M. Gibson et appuyé par M. Flament, conseiller technique du délégué ouvrier de Belgique. Cet amendement fut rejeté par 14 voix contre 9 et une abstention.

Deux autres amendements prévoyant l'interdiction de l'emploi de la céruse à l'intérieur des bâtiments, l'un représenté par M. Boulin, conseiller technique gouvernemental français, l'autre par M. le Docteur Glibert, conseiller technique gouvernemental belge furent également rejetés, le premier par 13 voix contre 10 et une abstention, le second par 12 voix contre 11 et une abstention.

Finalement la proposition Armstrong, modifiée légèrement par l'adoption de plusieurs amendements, a été votée par 14 voix et 10 abstentions. Sur la proposition de M. le Comte de Altea, délégué gouvernemental d'Espagne, on a décidé de donner à la proposition de la Commission la forme d'un projet de convention au lieu de la présenter comme un projet de recommandation. En conformité avec cette décision, le rapport de la Commission se terminait par la déclaration qu'un projet de convention devait être adopté en vue de protéger les peintres contre les dangers provenant de la peinture et par l'énumération des mesures à prendre.

Le texte proposé n'ayant pas été rédigé sous la forme juridique des projets de convention, a dû être remplacé, comme nous allons le voir plus bas (1), par un texte nouveau, qui ne différait du premier texte que par la forme, et dont voici la teneur :

Projet de Convention concernant la Réglementation de l'Emploi de la Céruse dans la Peinture

Article premier

Tout Membre de l'Organisation Internationale du Travail ratifiant la présente Convention s'engage à réglementer l'emploi, dans les travaux de peinture, de la céruse et de tout pigment contenant de la céruse, de manière à assurer la protection des peintres contre les dangers provenant de cet emploi.

Art. 2.

La réglementation prévue à l'article premier devra être établie sur la base des principes suivants :

1° *a*) Les ouvriers peintres ne manipuleront la céruse ou les pigments contenant de la céruse que sous la forme de pâte ou de peinture prête à l'emploi.

b) Toutes mesures utiles seront prises pour éviter le danger provenant de l'application de la peinture par pulvérisation.

c) Des mesures seront prises toutes les fois que cela sera possible en vue d'éviter le danger des poussières provoquées par le ponçage à sec et le grattage à sec.

2° *a*) Toutes dispositions seront prises afin que les ouvriers peintres puissent prendre tous soins de propreté nécessaires (soit au cours, soit à l'issue du travail).

b) Des vêtements de travail seront portés par les ouvriers peintres ; leur usage pendant toute la durée du travail sera obligatoire.

c) Des installations seront prévues pour éviter la souillure des vêtements de ville provenant de la peinture et des autres produits utilisés par les peintres.

3° *a*) Les cas de saturnisme et les cas présumés de saturnisme feront l'objet d'une déclaration obligatoire et d'une vérification médicale ultérieure par un médecin indépendant désigné par l'autorité compétente.

b) L'autorité compétente pourra exiger un examen médical des travailleurs lorsque cela sera nécessaire.

4° Des instructions relatives aux précautions spéciales d'hygiène à prendre dans le métier de la peinture seront distribuées aux ouvriers peintres.

Art. 3.

En vue d'assurer le respect de la réglementation prévue aux articles précédents, les autorités prendront toutes mesures qu'elles jugeront nécessaires, après avoir consulté les organisations patronales et ouvrières intéressées.

Art. 4.

Des statistiques relatives au saturnisme seront établies :

a) Pour la morbidité, au moyen de la déclaration et de la vérification de tous les cas de saturnisme.

b) Pour la mortalité, par une méthode arrêtée par le service officiel de statistique dans chaque pays.

Le *rapport de la minorité de la Commission*, présenté par M. Boulin, était ainsi conçu :

(1) Voir page 18.

Les débats qui ont eu lieu devant la Commission de la céruse ont établi :

1) Qu'il y a des cas de saturnisme chez les ouvriers peintres et que le danger de saturnisme représente pour eux le principal risque professionnel.

2) Que les médecins sont, depuis très longtemps, en possession de moyens de caractériser nettement les cas de saturnisme, soit cliniquement, soit par d'autres procédés d'investigation.

3) Que la réglementation a donné de bons résultats dans les industries autres que la peinture en bâtiment parce qu'elle s'exerce en atelier où la surveillance des mesures de protection est possible ; mais qu'elle a échoué dans les chantiers de peinture pour les causes suivantes :

a) Impossibilité de mettre en pratique certaines de ces mesures ;

b) Obstacles insurmontables à la surveillance, d'une part, c'est-à-dire inviolabilité du domicile privé et, d'autre part, développement excessif du corps de surveillance, à cause de la multiplicité des chantiers à surveiller, de leur déplacement continuel et du caractère saisonnier de cette industrie.

4) Que les opérations du ponçage, du grattage, sont les travaux les plus longs, les plus pénibles et les plus importants de la peinture en bâtiment.

5) Que la présence des poussières dans l'opération dite « ponçage à sec » est le plus grave danger qui menace les ouvriers peintres lorsque ces poussières renferment un composé de plomb.

6) Qu'il est impossible de procéder au « ponçage à l'humide » dans la majorité des cas. Que l'obligation du « ponçage à l'humide » entraînerait, là où on pourrait l'observer, une majoration considérable du prix de revient.

Il est à remarquer d'ailleurs que c'est précisément à l'intérieur, c'est-à-dire là où le danger est le plus grand et la surveillance impossible, que se montre la nécessité du « ponçage a sec ».

7) Que les critiques adressées à l'emploi des succédanés de la céruse ont surtout trait aux travaux exécutés à l'extérieur.

8) Qu'un grand nombre d'expériences concluantes ont démontré qu'à l'intérieur et d'une façon irréfutable, des succédanés peuvent être subtitués aux pigments blancs de plomb.

Pour ces raisons, les membres faisant partie de la minorité de la Commission auraient voulu un projet interdisant complètement l'emploi de la céruse dans les chantiers de peinture ou, tout au moins, pour les travaux exécutés à l'intérieur.

La minorité a opposé au projet de convention proposé par la majorité, le *Projet de convention* suivant :

Projet de Convention concernant l'Interdiction de l'Emploi de la Céruse a l'intérieur et la Réglementation de l'Emploi de la Céruse a l'extérieur.

Article Premier

Tout membre de l'Organisation Internationale du Travail ratifiant la présente convention s'engage à interdire, sous réserve des exceptions prévues à l'article 3, l'emploi de la céruse et de tout produit spécialisé contenant de la céruse dans les travaux de peinture à l'intérieur et à réglementer l'emploi de la céruse dans les travaux de peinture à l'extérieur conformément aux dispositions des articles (1).

Art. 2.

Cette interdiction entrera en vigueur trois ans après la date de clôture de la troisième session de la Conférence Internationale du Travail.

Art. 3.

Les dispositions de l'article premier ne seront applicables ni à la peinture d'art, ni aux travaux de filage.

(1) Ces articles sont ceux du Projet de Convention présenté par la majorité et relatifs à la réglementation de l'emploi de la céruse dans la peinture.

Chaque Gouvernement déterminera la ligne de démarcation entre les différents genres de peinture et réglementera l'emploi de la céruse en vue de ses travaux conformément aux dispositions des articles (1).

Art. 4.

L'emploi de la céruse dans les travaux de peinture à l'extérieur, de peinture d'art et de filage sera interdit aux femmes et aux jeunes gens âgés de moins de 18 ans.

Art. 5..., etc.

(Reprendre les articles 2 et suivants du projet de convention concernant la réglementation de l'emploi de la céruse dans la peinture).

A ce projet quatre amendements ont été proposés :

I. - Amendement du Dr Leymann, délégué gouvernemental allemand, au projet de convention proposé par la minorité.

Ajouter à l'article premier :

Une tolérance de 2 % de céruse exprimée en plomb métal est admise dans les pigments.

II. - Deuxième amendement du Dr Leymann au projet de convention proposé par la minorité.

Je retire l'amendement que j'ai proposé et soumets le suivant :

1) Substituer à l'article premier du projet de convention de la minorité un nouvel article ainsi conçu :

Tout Membre de l'Organisation Internationale du Travail ratifiant la présente convention s'engage à interdire, sous réserve des exceptions prévues à l'article 3, l'emploi de la céruse et de tout pigment blanc contenant du plomb, dans les travaux de peinture à l'intérieur des bâtiments.

Une tolérance de 2 % au maximum de céruse exprimée en plomb métal est admise dans les pigments.

2) Le commencement de l'article 3 sera modifié comme suit :

Les dispositions de l'article premier ne seront pas applicables aux travaux de peinture à l'intérieur dans les établissements industriels où se dégagent des vapeurs ou des gaz acides; elles ne seront non plus applicables, ni à la peinture d'art.. (reprendre le texte du projet de convention de la minorité).

III. - Amendement du Dr Gilbert, conseiller technique des délégués gouvernementaux belges, au projet de convention proposé par la minorité.

Article Premier

Après les mots « Article 3, l'emploi de la céruse », lire : « et de tout pigment blanc contenant plus de 2 % de plomb métallique dans les travaux de peinture à l'intérieur des bâtiments et à réglementer l'emploi de la céruse et des autres produits indiqués ci-dessus dans les travaux de peinture à l'extérieur ».

Art. 2. — Idem

Art. 3.

Les dispositions de l'article premier ne seront pas applicables à la peinture artistique ni à la peinture des établissements industriels où se dégagent en abondance des vapeurs ou des gaz acides.

(1) Ces articles sont ceux du Projet de Convention présenté par la majorité et relatifs à la réglementation de l'emploi de la céruse dans la peinture.

Art. 4

Supprimer les mots « et de filage ».

IV. - **Amendement présenté par M. Schürch, délégué ouvrier suisse, au projet de convention proposé par la minorité.**

Introduire comme premier alinéa de l'article 4 du projet de convention de la minorité :

« Les quantités de céruse destinées aux travaux extérieurs et aux travaux de peinture d'art et de filage seront soumises à un contrôle dont chaque Gouvernement arrêtera les modalités ».

V

La Conférence générale du Travail a discuté la question de la céruse dans cinq séances. Au cours des débats 36 discours ont été prononcés dont 18 par les délégués gouvernementaux ou leurs conseillers techniques, 11 par les délégués patronaux ou leurs conseillers techniques et 7 par les délégués ouvriers ou leurs conseillers techniques.

21e SÉANCE

Mercredi le 16 novembre 1921

La Conférence aborde la discussion du rapport de la Commission de la Céruse.

Sir Goadby, conseiller technique patronal (Grande-Bretagne) présente le rapport de la majorité et propose l'adoption d'un projet de réglementation intitulé « Projet de Convention ».

On pouvait concevoir deux méthodes, disait M. Goadby : la première consiste à remplacer complètement la céruse par des succédanés, la deuxième méthode consiste à adopter une réglementation contre la poussière tout en continuant l'emploi de la céruse. La Commission n'ayant pu se mettre d'accord sur la valeur des succédanés actuellement proposés, la majorité de la Commission a décidé qu'il convenait d'essayer une réglementation.

Le Président, Lord Burnham fait observer que le rapport de la Commission de la Céruse ne se termine pas par un projet de convention composé d'une série d'articles comme il est de règle pour les décisions des Commissions soumises à la Conférence. Il faudra, pour éviter le renvoi du rapport à la Commission, que le Président et le Rapporteur de la Commission subtituent un projet de convention rédigée en bonne et due forme, au texte qui vient d'être présenté à la Conférence.

M. Boulin, conseiller technique gouvernemental (France) présente le rapport de la minorité. Il insiste sur le fait, que malgré la grande divergence d'idées qui s'est manifestée dans les discussions au sein de la Commission, certains faits avancés par les partisans de l'interdiction de l'emploi de la céruse sont restés incontestés. Nous disposons de données statistiques relatives au danger saturnin dont la valeur n'a pas pu être mise en doute. Ainsi, par exemple, personne n'a contesté les chiffres qui ont été donnés par la statistique anglaise qui est d'autant plus impartiale que l'industrie du bâtiment n'est pas visée par la loi sur les fabriques en Angleterre. En se rapportant à cette statistique, on constate que de 1900 à 1913, il y a eu en

Angleterre 427 décès dus au saturnisme dans l'industrie de la peinture en bâtiment et que ce chiffre dépasse l'ensemble des cas de mortalité dans les autres industries de plomb.

En ce qui concerne les succédanés, M. Boulin a reconnu que les membres de la Commission n'ont pas pu se mettre d'accord au sujet de la valeur des succédanés en ce qui concerne la peinture à *l'extérieur*. Mais leur valeur à *l'intérieur* n'a, en réalité, pas pu être mise en doute.

Sir Thomas Oliver, conseiller technique gouvernemental (Australie) estime que le fait que les Compagnies d'assurances ne demandent pas de primes plus élevées pour les peintres que pour les diverses autres catégories d'ouvriers du bâtiment est une preuve que les cas de saturnisme sont peu fréquents. La réglementation suffit. Elle a produit d'excellents résultats dans la poterie et dans les fabriques de céruse. C'est ainsi qu'en Grande-Bretagne le nombre des cas de saturnisme dans la *poterie* a passé de 249 à 21, de 1899 à 1919. Il en a été de même en Hongrie où un village le nombre de cas de saturnisme parmi les potiers est descendu en trois années de 35 à 3. Dans les *fabriques de céruse* du district de Newcastle il y avait 204 cas de saturnisme en 1900 ; en 1919 il n'y en avait plus que 8. Son gouvernement est favorable à toutes les mesures de réglementation mais opposé à l'interdiction.

M. Meissl, délégué patronal (Autriche), entrepreneur de peinture depuis plus de 40 ans expose que, d'après ses expériences, les travaux exécutés à *l'extérieur* avec de la céruse durent 6 à 8 ans environ, tandis que ceux qui sont faits avec du lithopone ou des couleurs de zinc ne tiennent que deux ans.

L'interdiction se heurte donc à de grandes difficultés d'ordre économique M. Meissl affirme, par contre, qu'à *l'intérieur* la céruse peut très bien être remplacée par des succédanés.

M. Okamoto, délégué gouvernemental (Japon) déclare qu'une réglementation telle qu'elle est prévue dans le projet de convention proposé entraînerait au Japon des difficultés d'exécution trop grandes. Les délégués du gouvernement japonais ne pourraient donc voter le projet qui leur est soumis.

M. Loriga, conseiller technique gouvernemental (Italie) attire l'attention de la Conférence sur le côté médical de la question de la céruse, à savoir la gravité du mal et les moyens de le prévenir. Il estime qu'il faut suivre la voie dans laquelle on s'est engagé dans la lutte contre le phosphore blanc, c'est-à-dire combattre directement la cause nuisible par l'interdiction de l'emploi de la céruse. La réglementation est un moyen très coûteux et très difficilement applicable. Dans le projet présenté, la seule règle relative à la salubrité de la matière employée est l'obligation de vendre la céruse en pâte. Toutes les autres mesures s'adressent à l'ouvrier lui-même. En votant le règlement proposé par la Commission, s'écriait M. Loriga, vous allez faire une abdication complète de votre tâche législative pour empiéter sur le domaine de propagande de la Croix-Rouge. Ceci est-il vraiment dans votre intention ? Il faut édicter de bonnes lois qui obligent les gouvernements et les patrons à accomplir leurs devoirs d'humanité et de justice sociale. Pourquoi, dans le cas présent, mettre exclusivement à la charge de l'ouvrier la protection contre les maladies professionnelles, au lieu d'interdir aux patrons la fabrication, la vente et l'emploi d'un poison terrible tel que la céruse ?

M. Butterworth, conseiller technique patronal (Grande-Bretagne) parlant au nom des grandes associations de maîtres-peintres de Grande Bretagne, d'Écosse et d'Irlande demande à la Conférence de ne pas interdire l'emploi de la céruse, mais d'en combattre les effets nuisibles. Il déclare en se basant sur les expériences faites pendant la guerre qu'il est impossible de trouver des succédanés satisfaisants, étant donné notamment les conditions atmosphériques de la Grande-Bretagne. M. Butterworth estime que le ponçage à l'humide prévient tout danger résultant de l'emploi de la céruse.

M. Glibert, conseiller technique gouvernemental (Belgique) expose les résultats de l'expérience faite en Belgique, où depuis 16 ans (13 mai 1905), un arrêté royal a réglementé l'emploi de la céruse dans les travaux de peinture en bâtiment. Cette réglementation n'a pas donné les résulats espérés : elle a mécontenté profondément les entrepreneurs et elle a porté à son comble l'hostilité des ouvriers contre les mesures soi-disant protectrices de leur santé Toute réglementation est inapplicable parce qu'elle impose des méthodes de travail que la plupart des professionnels déclare inacceptables, parce qu'elle porte atteinte à l'inviolabilité du domicile et parce qu'elle exigerait enfin une armée de fonctionnaires pour en surveiller l'application.

« Ces principales raisons ont fait, a déclaré M. GLIBERT, qu'avec notre bon sens national habituel, nous avons tâché de trouver mieux. Je vais vous dire où nous en sommes à l'heure actuelle en Belgique : patrons peintres, j'entends chefs d'entreprises de peinture en bâtiment et fonctionnaires de l'Etat chargés d'appliquer les règlements, nous nous sommes mis d'accord en principe dans notre pays pour reconnaître qu'il fallait en arriver à une solution mixte. Cette solution mixte, c'est l'interdiction de l'emploi des pigments de plomb à l'intérieur et la liberté très grande, moyennant des mesures de protection particulières, pour les peintres à l'extérieur et pour les objets destinés à être exposés aux intempéries.

« D'après mon expérience personnelle, Messieurs, je pense que nous aurons beau faire ici, quelle que soit la réglementation que vous proposiez, je suis persuadé que la question de l'interdiction de l'emploi des pigments blancs de plomb pour l'intérieur est destinée inévitablement, par la force même des choses, à revenir à l'ordre du jour de l'une des prochaines Conférences sur le travail ».

M. DE LAVERGNE, conseiller technique patronal (France) examine la question surtout au point de vue économique. Il parle de la loi française du 20 juillet 1909 et des efforts de certaines organisations pour qu'on revienne sur cette interdiction. Il relève que la France importe encore une très forte quantité de céruse (1.460 tonnes du 1er janvier au 30 septembre 1921). M. DE LAVERGNE en conclut qu'une partie de cette céruse est employée à la peinture des bâtiments, vu que beaucoup de petits patrons qui exécutent leurs travaux eux-mêmes, ne sont pas soumis à la loi.

M. DE LAVERGNE approuve la proposition de réglementation présentée au nom de la majorité de la Commission.

M. ZUMETA, délégué gouvernemental (Venezuela) attire l'attention de la Conférence sur le côté moral de la question et désire qu'on arrive à une solution qui respecte tous les intérêts Il lui semble que la proposition de la minorité, éventuellement revue, remplit ces conditions.

M. BOPP, conseiller technique patronal (Allemagne) donne à la Conférence, en sa qualité de chimiste, diverses explication d'ordre technique sur la céruse et ses succédanés. Il rappelle les conclusions de la Commission hollandaise où il est dit clairement que, lorsque la peinture est exposée aux acides et à l'humidité le zinc ne peut remplacer la céruse.

Une Commission réunie à Genève en 1907 a déjà constaté que la céruse peut être remplacée, mais pas toujours. D'autre part, les dangers de l'emploi de la céruse ne sont pas tels qu'ils justifieraient la prohibition totale.

22e SÉANCE

Jeudi, le 17 novembre 1921

La Conférence reprend la discussion du rapport de la Commission de la Céruse.

M. Justin GODART, délégué gouvernemental (France) déclare que la délégation gouvernementale française votera contre le rapport de la Commission de la céruse et acceptera toutes les mesures de protection ouvrières qui seront assurées par l'interdiction de l'emploi de la céruse dans l'industrie du bâtiment, à l'intérieur et à l'extérieur.

M. GODART résume les expériences faites en France. La réglementation dès le mois de juillet 1902, dit-il, n'a pas donné de résultats satisfaisants au point de vue de la sauvegarde de la santé des travailleurs ; dans les hôpitaux de la ville de Paris seulement on a relevé en 1911 la présence de 298 malades atteints d'affection saturnine dont 162 peintres en bâtiments. Une loi du 20 Juillet 1909 a interdit l'emploi de la céruse dans l'industrie du bâtiment tant à l'intérieur qu'à l'extérieur. Cette interdiction absolue mise en vigueur le 1er Janvier 1915 a permis de constater qu'alors qu'en 1913 il y avait encore 342 malades atteints d'affection saturnine ce chiffre était tombé à 8 en 1917, à 7 en 1918, à 12 en 1919 et à 6 en 1920.

« Messieurs, déclare M. GODART il ne faut pas nous dissimuler que nous sommes en présence ici d'un conflit d'intérêts. Devant nous se heurtent et s'affrontent des intérêts économiques, collectifs ou privés et un intérêt humain, qui, à mon avis, a une importance économique supérieure. Les intérêts économiques, collectifs ou privés, se sont agités ; c'était leur droit. J'admets que leur action de défense est une action légitime ; mais qu'on me permette d'exprimer un regret et de souligner que cette défense aurait été plus opérante si elle avait été conduite avec plus de discrétion. Le moins qu'on puisse dire - et songez que, dans les polémiques qui s'élèveront au sujet de nos travaux, on n'emploiera peut-être pas la même discrétion, la même courtoisie que moi à cette tribune, - le moins qu'on puisse dire, c'est que la décision de la Commission de la céruse est quelque peu entachée d'intoxication saturnine (*applaudissements et rires*).

« Messieurs, en face de tous ces intérêts privés qui se défendent - et je répète que c'est leur droit - nous devons considérer, un intérêt plus élevé, l'intérêt humain ; je ne veux point admettre le reproche de sentimentalisme que font souvent les hommes d'affaires et les industriels à ceux qui parlent d'intérêt humain. Je pense qu'en protégeant la vie humaine surtout à l'heure présente ; qu'en sauvegardant la santé de milliers et de milliers de travailleurs, nous servons plus utilement l'économie générale et la richesse universelle qu'en laissant employer la céruse, même s'il est établi qu'elle assure une plus longue conservation, même si son prix de revient est inférieur.

« Ces arguments un peu sommaires ne m'ont pas convaincu. Je les retiens cependant pour envisager moi aussi le problème des économies et prendre parti pour l'économie des existences et des forces physiques. Je ne sais si vous avez vu le film que nos collègues ouvriers belges ont fait défiler devant nos yeux. Je ne sais si vous avez comme moi, fixée dans la mémoire, la vision de ces malheureux qui, par l'emploi de la céruse, sont paralysés, qui, par l'emploi de la céruse, ont des mains de plomb, qui ne peuvent plus se mouvoir pour le travail, et dont ils ne peuvent même plus se servir pour les besoins essentiels de leur propre existence.

« Voilà l'économie que nous voulons faire : celle de toutes ces misères, de toutes ces invalidités et je pense qu'en la préconisant et en l'imposant nous remplirons au mieux la mission qui nous a été donnée par le Pacte de la Société des Nations. Il y est dit, en effet, que nous devons nous efforcer, pour la paix universelle et pour l'harmonie dans le monde, de faire disparaître les injustices et les misères. Eh bien, nous sommes en présence d'une injustice intolérable ; nous sommes en présence de misères redoutables, parce qu'elles affectent la richesse essentielle, la vie humaine que nous devons sauvegarder.

« Messieurs, je pense, quant à moi, que, lorsque j'aurai à prononcer mon vote dans cette question, je serai un peu comme un juge qui a la responsabilité du sort de milliers d'hommes. Il peut par sa décision, les laisser au péril du mal et de la mort ou bien, il peut les sauver. Vous avez le pouvoir de leur apporter le salut : je dis plus, vous en avez le devoir ».

M. OERSTED, conseiller technique patronal (Danemark) constate que les ouvriers peintres eux-mêmes reconnaissent que la question du saturnisme est avant tout une question de négligence et une question de propreté. Dans ces conditions, la réglementation devrait suffire. M. OERSTED croit que l'interdiction de la céruse à l'intérieur des bâtiments serait encore plus difficile à appliquer qu'une réglementation de son emploi, car on se heurterait à de sérieuses difficultés en voulant définir d'une manière exacte ce qui est de l'intérieur et ce qui est de l'extérieur.

M. FLAMENT, conseiller technique ouvrier (Belgique), prend la parole en tant qu'ouvrier peintre qui a 26 ans de métier et qui a lui-même ressenti les effets du saturnisme.

« Je pourrais vous dire, déclare-t-il, que pendant mes vingt-six années de métier, j'ai vu à côté de moi énormément d'ouvriers qui ont été très malades. J'en ai vu d'autres qui avaient une constitution meilleure qui les avait mis un peu à l'abri du saturnisme. Cependant moi-même (il y a une quinzaine d'années), j'ai ressenti des coliques de saturnisme. J'affirme que pas un ouvrier ne peut y échapper. Moi-même, en 1914, j'ai conduit de ces ouvriers au Ministère du Travail belge. J'ai fait développer devant vous, dans une séance de cinématographie, tous ces faits. Vous avez pu constater la véracité de mes dires.

« Le grand argument de MM. les Fabricants de céruse est qu'on ne peut pas remplacer la céruse à l'intérieur. Messieurs, en Belgique, nous avons plus de cinquante administrations publiques qui n'emploient plus de céruse depuis des années. J'ai travaillé moi-même, au début de la guerre, dans une maison à Paris où on emploie exclusivement du blanc de zinc et en quantité plus considérable que dans n'importe quelle autre maison du monde. Deux mille ouvriers y sont employés. Actuellement, je suis à la tête d'une coopérative de production de peinture qui emploie en grande partie du blanc de zinc. Elle n'emploie de la céruse que lorsqu'elle est obligée de le faire à l'occasion d'adjudications publiques. J'ajouterai pour ceux qui connaissent la capitale belge que dans tous les bâtiments des administrations communales de Saint-Josse Ten-Noode, de Saint-Gilles de Schaerbeek, de Molenbeek, etc., on emploie exclusivement du blanc de zinc à l'intérieur de ces bâtiments. Ce qui démontre à quel point on peut remplacer la céruse par le blanc de zinc dans ces cas-là.

« On a su prendre des mesures relatives à l'emploi du phosphore blanc, parce que cet emploi était néfaste. Est-ce que l'on ne peut pas prendre les mêmes mesures à l'égard du poison qu'on donne journellement aux peintres? Est-ce que l'on ne pourrait prendre les mêmes mesures que celles qui ont interdit l'absinthe, la cocaïne, la morphine, alors qu'il s'agissait là de vices passionnels.

« Alors qu'aujourd'hui nous disons qu'à l'intérieur des bâtiments on peut utiliser de la peinture sans céruse et cela en sauvegardant notre santé, il y aurait des personnes intéressées financièrement à la question qui viendraient affirmer qu'il faut continuer à empoisonner les ouvriers! Eh bien, nous protestons. »

M. ROBINSON, délégué gouvernemental (Australie), déclare que le Gouvernement de l'Australie, pays qui, après les Etats-Unis et l'Espagne, est le plus grand producteur de plomb, est d'accord pour accepter tout projet de réglementation, mais s'oppose à l'interdiction. Une enquête entreprise en Australie dès la réception du questionnaire a démontré que l'interdiction ne se justifie nullement. D'ailleurs, toute interdiction affectant l'emploi du plomb agirait d'une manière immédiate sur le prix du zinc.

M. BENET, conseiller technique patronal (Espagne), rappelle que l'Espagne est le plus grand producteur de plomb en Europe : Avant la guerre, elle produisait 150.000 tonnes de plomb et 17.000 ouvriers étaient occupés dans les mines de plomb. Ces chiffres prouvent qu'une interdiction pure et simple de l'emploi de la céruse affecterait gravement l'intérêt d'un nombre considérable d'ouvriers et de leurs familles. D'ailleurs, l'interdiction n'est pas nécessaire, la réglementation suffit. M. BENET appuie la proposition de la majorité.

M. NAVEZ, conseiller technique patronal (Belgique), président des entrepreneurs de peinture de Belgique, constate que jusqu'à présent on a surtout entendu des gens qui s'occupent de l'industrie du plomb, et peut-être ceux qui défendent l'industrie du zinc. Les principaux intéressés parmi les patrons : les entrepreneurs de peinture, ont à peine fait entendre leur voix.

« Pour ceux qui ne voient le métier que de loin, de très loin, la réglementation est une chose qui paraît aisée et certaine; pour les professionnels, le problème se pose autrement. En effet, les médecins nous ont déclaré que la céruse agissait surtout par ses poussières et que ce n'était guère que sous cette forme qu'elle constituait un danger pour le peintre. Or, vous savez tous que pour faire des poussières il faut nécessairement agir sur la peinture autrement qu'en l'appliquant. Le travail le plus

Estomac

) IX

) dilatation du coeur

Membres ayant reçu l'indemnité totale d'incapacité pour cécité et paralysie pendant 1920-1923 :

Aveugles 3 Paralytiques : 22

L'indemnité d'incapacité est seulement payable aux Membres faisant partie de la Société avant l'âge de 50 ans et pour lesquels des indemnités variables ont été payées par la Société s'élevant à £ 2.395,00 .

N.B. Cette indemnité n'est payée que lorsque le certificat médical démontre que le membre est totalement incapable d'exercer aucun emploi .

traduit de l'Anglais
Paris le 24 Avril 1924

Signé : John FREUDENTHEIL .

dangereux, c'est le ponçage, dont on a fait beaucoup état ici. Ce ponçage, qu'on nous propose de faire aujourd'hui en présence d'un liquide destiné à retenir les poussières, est pratiquement impossible de cette façon, dans bien des cas, M. Flament, mon camarade belge, vous a exposé rapidement tout à l'heure ce qu'il en pensait. Quoique dans la pratique, mes intérêts ne se confondent pas toujours avec les siens, je suis obligé de reconnaître qu'il a réellement raison. En effet, le ponçage est l'opération la plus longue, la plus pénible, la plus rebutante de tous les travaux de peinture de bâtiments. Et l'on peut dire en pratique que quand les travaux de ponçage sont terminés, la peinture du bâtiment est virtuellement terminée. En comparaison, c'est aussi la préparation des bâtiments qui coûte le plus. Il s'agit donc de savoir ici si la partie la plus importante de nos travaux va être réglementée par des gens qui ne sont pas du métier.

Le travail de ponçage n'est pas possible sur les peintures qui sont trop récentes, le travail de ponçage humide bien entendu. Alors, bon gré mal gré, nous sommes obligés de revenir au ponçage à sec. Je crois que, dans ces conditions, la formule qui nous a été proposée est absolument insuffisante, et que de très bonne foi les différents intérêts représentés ici devraient s'appliquer à chercher autre chose, attendu que ce qu'on fait en réalité c'est placer les entrepreneurs de peinture dans une situation qui serait intolérable si, comme nous le craignons, la réglementation était effective. Si cette réglementation n'est pas effective nous allons nous trouver devant une autre alternative ; les ouvriers vont nous assaillir de réclamations telles que le problème sera à remettre demain sur le tapis.

Je prierai donc l'assemblée pour terminer de bien vouloir tenir compte des intérêts de la profession, qui, quoiqu'on en pense, sont les intérêts du grand nombre. J'ai fait un petit calcul que vous pouvez facilement vérifier ; il s'agit ici des intérêts de plus de 150.000 entreprises dans les Etats qui sont représentés à la Conférence.

M. Schurch, délégué ouvrier (Suisse) fait observer que, pour la Suisse seulement, le taux annuel de mortalité saturnine, pour la période de 1901-1919, est de 8 décès. Or, la Suisse est un pays dans lequel par suite de l'utilisation d'un succédané, l'emploi de la céruse a fortement diminué.

M. Schurch attire donc l'attention de la Conférence sur la gravité réelle de la situation dans des pays qui utilisent la céruse en infiniment plus grande quantité qu'en Suisse.

M. Merry, délégué ouvrier (Australie) est favorable à la réglementation, mais s'oppose à l'interdiction. Il signale, qu'en Australie, on emploie le blanc de zinc à l'intérieur, mais il ne saurait constituer un succédané général. En ce qui concerne le ponçage à sec, il est possible de le supprimer, M. Merry est de l'avis que toutes les difficultés de la réglementation peuvent être vaincues par une entente entre patrons et ouvriers.

M. Streine, conseiller technique ouvrier (Allemagne) relève que la réglementation touchant l'emploi de la céruse, qui est appliquée en Allemagne depuis 1905 est basée à peu près sur les mêmes dispositions que celles qui sont prévues par le rapport de la majorité, n'a pas donné de bons résultats, tout contrôle étant rendu impossible par suite des déplacements fréquents des ouvriers peintres.

M. Streine mentionne que les statistiques prouvent que les ouvriers peintres ont 25 à 50 % de journées de maladies de plus que les autres personnes assurées par les caisses de secours en cas de maladie. Il constate également que si les statistiques enregistrent une diminution des cas de l'intoxication saturnine, cela est dû notamment au fait que, pendant la guerre, on n'a presque pas employé de céruse, la peinture avec des couleurs à l'huile ayant été interdite.

M. Streine conclut que, si la Conférence ne veut pas se prononcer sur l'interdiction absolue, elle doit tout au moins exiger l'emploi de succédanés pour les travaux exécutés à l'intérieur.

M. Gemmill, conseiller technique patronal (Afrique du Sud) attire l'attention de la Conférence sur les effets indirects qu'aurait, au point de vue économique, l'interdiction de l'emploi de la céruse, notamment en ce qui concerne les mines d'or où le zinc joue un rôle très important. Les mines d'or constituent, déclare M. Gemmill, la principale industrie Sud-Africaine, or comme la moitié de ces mines couvrent à peine la moitié de leurs frais d'exploitation, toute élévation du prix du zinc les obligerait à suspendre le travail.

M. Gemmill estime qu'étant donné les divergences d'opinions qui se manifestent au sujet de l'interdiction de l'emploi de la céruse, la Conférence ne doit pas prendre de mesures ayant des répercussions économiques aussi importantes.

M. Roy, conseiller technique gouvernemental (Canada) déclare que son opinion diffère totalement de celle des délégués du Gouvernement canadien. La question est d'une simplicité effrayante, dit-il. Il s'agit d'un conflit entre certains capitaux d'une part et la santé, la vie humaine d'autre part. Ce serait le suicide de la Conférence si elle décidait qu'elle va augmenter les dividendes, augmenter l'encaisse des fabricants pour envoyer plus de monde à l'hôpital, pour mettre plus de monde en terre.

M. Tom Moore, délégué ouvrier (Canada) demande la clôture de la discussion générale.
Cette motion est approuvée par 52 voix contre 8.

M. Obed Smith, délégué gouvernemental (Canada), président de la Commission de la céruse, propose de transformer en projet de convention les résolutions présentées par la majorité de la Commission (1).
Cet amendement, appuyé par Sir K. Goadby, conseiller technique patronal (Grande-Bretagne), est approuvé par 43 voix contre 20.

M. Justin Godart appuyé par Mlle Kjelsberg, déléguée gouvernementale (Norvège) propose de substituer au projet présenté par la majorité de la commission, le texte suivant :

Article Premier

L'emploi de la céruse, de l'huile de lin plombifère et de tout produit spécialisé renfermant de la céruse, est interdit dans tous les travaux de peinture, de quelque nature qu'ils soient, exécutés par les ouvriers peintres, tant à l'extérieur qu'à l'intérieur des bâtiments.

Art. 2

Dans les travaux autres que ceux de la peinture en bâtiment, les membres de l'Organisation internationale du Travail s'engagent à prendre les mesures particulières de protection et de salubrité énoncées aux articles suivants.

Art. 3

Lorsque l'emploi de la céruse n'est pas interdit, elle ne peut être employée qu'à l'état de pâte.

Art. 4

Il est interdit d'employer directement avec la main les produits à base de céruse dans les travaux de peinture.

Art. 5

Il est interdit de gratter et de poncer à sec des peintures au blanc de céruse.

(1) Voir page 9.

ART. 6

Dans les travaux de grattage et de ponçage humides, et généralement dans tous les travaux de peinture à la céruse, les chefs d'industrie devront mettre à la disposition de leurs ouvriers des surtouts exclusivement affectés au travail.

Ils assureront le bon entretien et le lavage fréquent de ces vêtements.

Les objets nécessaires aux soins de propreté seront mis à la disposition des ouvriers sur le lieu même du travail.

Les engins et outils seront tenus en bon état de propreté. Leur nettoyage sera effectué sans grattage à sec.

ART. 7

Les chefs d'industrie, directeurs ou gérants sont tenus d'afficher, dans les locaux où se font le recrutement et la paye des ouvriers :

1° Ces présentes dispositions ;

2° Un règlement d'atelier imposant aux ouvriers l'obligation de se servir des surtouts et des objets nécessaires aux soins de propreté mis à leur disposition en vertu de l'article 6.

M. SCHURCH appuie cette proposition au nom de la minorité de la commission.

Au vote, l'amendement présenté par M. Justin GODART est adopté par 45 voix contre 44.

A la suite de ce vote, MM. SERRARENS et GLIBERT déposent des amendements au projet de convention proposé par M. Justin GODART. Voici les textes de ces amendements.

I. — *Amendement de* M. SERRARENS, délégué ouvrier des Pays-Bas, pour être ajouté comme articles 8 et 9 au projet de convention proposé par les délégués du Gouvernement français.

ART. 8

a) Les cas de saturnisme et les cas présumés de saturnisme feront l'objet d'une déclaration obligatoire et d'une vérification médicale ultérieure par un médecin indépendant désigné par l'autorité compétente ;

b) L'autorité compétente pourra exiger un examen médical des travailleurs lorsque cela sera nécessaire.

Des instructions relatives aux précautions spéciales d'hygiène à prendre dans le métier de la peinture seront distribuées aux ouvriers peintres.

ART. 9

Des statistiques relatives au saturnisme seront établies :

a) Pour la morbidité, au moyen de la déclaration et de la vérification de tous les cas de saturnisme ;

b) Pour la mortalité, par une méthode arrêtée par le service officiel de statistique dans chaque pays.

II. — *Amendement de* M. GLIBERT, conseiller technique des délégués gouvernementaux belges, au projet de convention proposé par les délégués du Gouvernement français.

Substituer à l'article premier du projet de convention présenté par la Délégation française, le texte suivant :

ARTICLE PREMIER

L'emploi de la céruse, de l'huile de lin plombifère et de tous produits renfermant de la céruse ou du sulfate de plomb est interdit dans tous les travaux de peinture exécutés par les ouvriers peintres à l'intérieur des bâtiments.

23e SÉANCE

Le 17 Novembre 1921

La discussion du projet de convention relatif à l'interdiction de l'emploi de la céruse est reprise.

Le Président expose à l'Assemblée que le rapport de la Commission de la céruse ayant été remplacé, à la suite du vote de la matinée, par le projet de convention proposé par M. Justin Godart, l'assemblée a le droit, avant de passer à la discussion article par article, d'ouvrir une discussion générale sur ce projet.

Il signale toutefois que la Commission de proposition a mis à l'ordre du jour de la veille la décision prise de terminer les travaux de la Conférence samedi soir, ce qui serait évidemment difficile si l'on recommence une longue discussion générale sur le projet actuellement soumis à la Conférence.

M. Poulton, délégué ouvrier (Grande-Bretagne), rappelle qu'il a communiqué au Président son intention de proposer un amendement.

Le Président lui indique qu'il pourrait proposer cet amendement au moment de la discussion du premier article du projet de convention.

M. Poulton se rallie à cette procédure.

M. Robertson, conseiller technique patronal (Canada) expose que le Canada a un climat tel qu'il est absolument indispensable d'employer la céruse pour assurer une protection efficace contre les intempéries, des ponts, des usines et des bâtiments ; ce produit est, en effet, le seul qui par son élasticité et sa résistance donne aux surfaces qu'il couvre une protection réelle à laquelle ne peut atteindre le zinc dont la surface se casse trop facilement ; à l'appui de cette opinion, il cite les conclusions des rapports des associations de maîtres peintres en soulignant que ces associations ne sont pas intéressées financièrement au problème puisque leur rôle est d'employer et non pas de vendre le blanc de plomb.

M. Robertson déclare que le Canada étant l'un des plus importants pays pour la production de la céruse, il devra en qualité de délégué se prononcer contre la prohibition complète.

Sur la proposition de M. T. Moore, appuyée par M. Schürch, la clôture est prononcée à l'unanimité.

M. Poulton, délégué ouvrier (Grande-Bretagne), rappelle que dans l'histoire de l'Angleterre et d'autres pays toutes les fois qu'une innovation importante a été introduite, il y a eu des intérêts particuliers qui ont souffert de cette innovation. Il est certain que la prospérité de l'Australie ne souffrira pas non plus si on diminue l'emploi de la céruse.

« M. Butterworth a employé des arguments qu'il ne s'agit pas d'ignorer complètement. Il faut leur trouver une réponse et il y a, à leur opposer, certains arguments humanitaires, arguments d'hygiène, de bien-être qui concernent non seulement les ouvriers, mais aussi les femmes et les enfants. M. Butterworth nous a dit qu'il n'y a pas de succédanés ; eh bien, il oublie le livre bleu publié par le Gouvernement britannique et dont je pourrais citer une quantité de passages qui prouvent le contraire. »

M. Poulton déclare donner tout son appui à l'avant-projet de convention présenté par M. Justin Godard, il propose toutefois un amendement tendant à supprimer, dans l'article premier, à l'avant-dernière ligne, les mots « tant à l'extérieur que » (à l'intérieur), il espère qu'avec cette importante concession, il sera possible de réaliser la majorité des deux tiers pour l'adoption du projet de convention.

M. Caballero, délégué ouvrier (Espagne) appuie l'amendement Poulton, non pas parce qu'il croit qu'on ne doive pas interdire complètement l'emploi de la céruse, mais dans un esprit de conciliation, pour faciliter l'entente par une concession.

Il indique qu'il est nécessaire d'examiner les divers aspects de la question. Au point de vue hygiénique, il fait remarquer que la commission, de même que la sous-commission médicale a conclu à la réalité de l'existence du saturnisme et des dommages que le saturnisme cause à la santé des ouvriers.

L'expérience personnelle de M. Caballero pendant trente années de travaux dans l'industrie, lui permet, en outre, d'affirmer que la céruse est un produit préjudiciable à l'avenir de la race, à la santé des ouvriers.

Au point de vue technique, personne dans la commission n'a pu établir d'une façon précise que l'emploi de la céruse n'est pas funeste aux ouvriers. M. Caballero fait remarquer que la question de la céruse a été discutée en Espagne par l'Institut des réformes sociales et que cet organisme s'est prononcé à l'unanimité contre son emploi.

Le délégué du Gouvernement espagnol à la Conférence actuelle siégeait alors comme représentant du Ministère du Travail, au sein de cet Institut. Il a souscrit à ses conclusions. M. Caballero s'étonne qu'il ne soutienne plus maintenant le même point de vue.

L'orateur déclare qu'il existe en Espagne 20.000 ouvriers employés dans les mines de plomb et que tous sont partisans de la suppression de la céruse.

La discussion se termine par une intervention du comte de Altea, délégué gouvernemental (Espagne) répondant à une attaque personnelle dont il a été l'objet de la part de M. Caballero.

24e SÉANCE

Le 18 Novembre 1921

La Conférence reprend la discussion du projet de convention présenté par M. Justin Godart, relatif à l'interdiction de l'emploi de la céruse.

M. Poulton, délégué ouvrier (Grande-Bretagne) présente un amendement limitant l'interdiction de l'emploi de la céruse aux travaux effectués à l'*intérieur* des bâtiments. Cet amendement est ainsi conçu :

Amendement de M. Poulton, délégué ouvrier britannique, au projet de convention proposé par les délégués du Gouvernement français.

Article Premier

Supprimer les mots « tant à l'extérieur qu'à l'intérieur des bâtiments » et après les mots « travaux de peinture » insérer les mots « à l'intérieur ».

M. Lederer, délégué gouvernemental (Autriche) déclare ne pouvoir voté le texte présenté par le Gouvernement français pour les raisons techniques et économiques qui ont été invoquées par M. Meissl contre l'interdiction totale. Il préconise un compromis sur la base de l'amendement de M. Poulton auquel le Gouvernement autrichien se rallierait volontiers.

M. Leymann, délégué gouvernemental (Allemagne) accepte, en principe, l'amendement de M. Poulton, mais propose de son côté, quelques changements en présentant l'amendement suivant :

Amendement du Dr. Leymann, délégué du Gouvernement allemand, au projet de convention proposé par les délégués du Gouvernement français.

I. — Remplacer l'article premier par l'article nouveau suivant :

ARTICLE 1 a.

L'emploi de la céruse ou de sulfate de plomb est interdit sous réserve des dispositions prévues à l'article 1 c., dans la peinture intérieure des bâtiments.

Une tolérance de 2 % au maximum de plomb exprimé en plomb métal est admise pour les pigments blancs.

ART. 1 b.

Cette interdiction entrera en vigueur deux ans après la date de clôture de la troisième session de la Conférence internationale du Travail.

ART. 1 c.

Les dispositions de l'article 1 a. ne seront applicables ni aux travaux de peinture intérieure des établissements industriels dans lesquels se dégagent des vapeurs ou des gaz acides, ni à la peinture d'art.

Chaque Gouvernement déterminera la ligne de démarcation entre ces genres de peinture et interdira l'emploi de la céruse ou du sulfate de plomb pour ces travaux, conformément aux dispositions de l'article 1 a.

II. — Le commencement de l'article 2 sera modifié comme suit :

ART. 2

Pour tous les genres de peinture pour lesquels il est fait usage de céruse ou de sulfate de plomb, dans la mesure où l'emploi n'en est pas interdit par l'article 1er, les Membres de l'Organisation internationale du Travail.......

III. — Dans les articles 4, 5 et 6 après le mot « céruse » insérer les mots « ou sulfate de plomb ».

Pour motiver sa proposition, M. LEYMANN donne les raisons suivantes :

1° Il faut interdire l'emploi du sulfate de plomb, celui-ci étant un succédané aussi nuisible à la santé de l'ouvrier que la céruse elle-même ;

2° Il faut supprimer le terme « plombifère », l'huile de lin ne contenant pas de matières plombifères ;

3° Il faut accorder aux entrepreneurs une période de transition de deux ans ;

4° Il faut excepter de l'interdiction les établissements industriels dans lesquels se dégagent des vapeurs ou des gaz acides. D'après un arrêté en vigueur en Allemagne, ces établissements doivent être peints en blanc à l'intérieur, un autre pigment que la céruse ne pouvant résister aux vapeurs.

M. MERTENS, délégué ouvrier (Belgique) dit que les ouvriers très désireux d'arriver à un accord appuient l'amendement POULTON. Toutefois, comme l'amendement de M. LEYMANN donne satisfaction au point de vue ouvrier, il prie M. POULTON d'agréer l'amendement de M. LEYMANN.

M. LEGGE, conseiller technique gouvernemental (Grande-Bretagne) insiste sur le fait que partout où la réglementation a dû s'appuyer sur l'action personnelle du travailleur, elle a échoué. « Je n'en fais pas reproche à l'ouvrier, ajoute-t-il, qui a sans doute bien autre chose à faire ; il n'en reste pas moins que le fait demeure. J'estime donc que l'introduction du ponçage à l'humide, supposant l'action personnelle de l'ouvrier est vouée à un échec. » M. LEGGE donne aux entrepreneurs le conseil d'accepter le projet transactionnel de M. POULTON. Il rappelle que la peinture à l'extérieur ne consomme que 10 % à peine de toute la céruse employée en peinture, mais en adoptant la solution proposée, la question de la céruse dans la peinture serait définitivement résolue, et elle permettrait à la céruse par la cessation de l'agitation et de la propagande dirigée contre elle, de gagner plus qu'elle ne perdrait grâce à son maintien pour l'extérieur.

Afin de permettre aux représentants des tendances opposées d'arriver à un compromis, M. LEGGE propose une *suspension de la séance pendant un quart d'heure*. Cette proposition est adoptée.

A la reprise de la séance, M. Albert THOMAS, secrétaire général donne lecture du texte suivant sur lequel la Commission de la céruse s'est mise d'accord, et qui est composé d'articles pris dans les trois projets de convention rédigés par la majorité et par la minorité de la Commission et par M. Justin GODART.

ARTICLE PREMIER

Chaque Membre de l'Organisation internationale du Travail qui ratifie la présente convention s'engage à interdire, avec les dérogations prévues à l'article 3, l'emploi de la céruse, du sulfate de plomb et de tous produits contenant ce pigment dans les travaux de peinture intérieure de bâtiments, à l'exception des gares et des usines dans lesquelles l'emploi de la céruse et du sulfate de plomb est nécessaire, telles qu'elles seront déterminées par les autorités compétentes après consultation avec les organisations patronales et ouvrières intéressées.

Une tolérance de 2 % au minimum de plomb exprimé en plomb métal est admise pour les pigments blancs.

ART. 2

Cette interdiction entrera en vigueur six ans après la date de clôture de la troisième session de la Conférence internationale du Travail.

ART. 3

Les dispositions de l'article premier ne seront applicables ni à la peinture d'art, ni aux travaux de filage.

Chaque Gouvernement déterminera la ligne de démarcation entre les différents genres de peinture et réglementera l'emploi de la céruse en vue de ses travaux, conformément aux dispositions des articles.....

ART. 4

L'emploi de la céruse dans les travaux de peinture à l'extérieur, de peinture d'art et de filage, sera interdit aux femmes et aux jeunes gens âgés de moins de 18 ans.

ART. 5

La réglementation prévue à l'article premier devra être établie sur la base des principes suivants :

1 *a*) Les ouvriers peintres ne manipuleront la céruse ou les pigments contenant de la céruse que sous forme de pâte ou de peinture prête à l'emploi ;

b) Toutes mesures utiles seront prises pour éviter le danger provenant de l'application de la peinture par pulvérisation ;

c) Des mesures seront prises toutes les fois que cela sera possible, en vue d'éviter le danger des poussières provoquées par le ponçage à sec et le grattage à sec ;

2 *a*) Toutes dispositions seront prises afin que les ouvriers peintres puissent prendre tous soins de propreté nécessaires (soit au cours, soit à l'issue du travail) ;

b) Des vêtements de travail seront portés par les ouvriers peintres ; leur usage, pendant toute la durée du travail, sera obligatoire ;

c) Des installations seront prévues pour éviter la souillure des vêtements de ville provenant de la peinture et des autres produits utilisés par les peintres ;

3 *a*) Les cas de saturnisme et les cas présumés de saturnisme feront l'objet d'une déclaration obligatoire et d'une vérification médicale ultérieure par un médecin indépendant désigné par l'autorité compétente ;

b) L'autorité compétente pourra exiger un examen médical des travailleurs lorsque cela sera nécessaire ;

4) Des instructions relatives aux précautions spéciales d'hygiène à prendre dans le métier de la peinture seront distribuées aux ouvriers peintres.

Art. 6

En vue d'assurer le respect de la réglementation prévue aux articles précédents, les autorités prendront toutes mesures qu'elles jugeront nécessaires, après avoir consulté les organisations patronales et ouvrières intéressées.

Art. 7

Des statistiques relatives au saturnisme seront établies :

a) Pour la morbidité, au moyen de la déclaration et de la vérification de tous les cas de saturnisme ;

b) Pour la mortalité, par une méthode arrêtée par le service officiel de statistique dans chaque pays.

M. Obed Smith, délégué gouvernemental (Canada) président de la Commission propose que le texte du projet de convention qui vient d'être lu soit considéré comme un amendement au rapport de la commission.

M. Kenneth Goadby, conseiller technique patronal (Grande-Bretagne) appuie la proposition formulée par le Président de la Commission. D'autre part, il attire l'attention de la Conférence sur la nécessité d'établir dans tous les pays des statistiques relatives au saturnisme.

Quelques observations touchant la rédaction de ce projet ayant été faites, M. Poulton propose de renvoyer ces questions au Comité de rédaction assisté d'une sous-commission composée de personnes compétentes.

Lord Burnham invite le Président de la Commission de la céruse à s'adjoindre les personnes compétentes qu'il jugera utiles pour collaborer à la rédaction du texte final.

Le texte du projet résultant du compromis est voté, *en tant qu'amendement* des propositions de la Commission, par 73 voix contre 4.

Ensuite, le même texte est adopté *comme projet de convention*, par 76 voix contre 3. Il est renvoyé au Comité de rédaction.

27e SÉANCE

Le 19 Novembre 1921

L'ordre du jour appelle le vote final sur le projet de convention relatif à la céruse.

M. Leymann délégué gouvernemental (Allemagne) propose d'ajouter à l'article 3 du projet de convention un paragraphe ainsi conçu :

Les autorités compétentes ont le droit, après consultation des organisations patronales et ouvrières, de permettre que les apprentis peintres soient employés pour leur éducation professionnelle, aux travaux interdits au paragraphe précédent.

Cet amendement est appuyé par M. BOPP, conseiller technique patronal (Allemagne).

M. ZAALBERG, délégué gouvernemental (Pays-Bas), estime que cet amendement est très dangereux et que s'il était accepté tout apprenti serait absolument libre d'employer la céruse dans la peinture à l'intérieur.

M. LEYMANN estime qu'il est absolument nécessaire que les apprentis soient capables de faire des travaux de peinture à l'extérieur avec de la céruse ou du sulfate de plomb ; il rappelle en outre que les organisations patronales et ouvrières pourront toujours prendre les mesures nécessaires, mesures différentes suivant les pays.

M. LEGGE, conseiller technique gouvernemental (Grande-Bretagne) est de l'avis que l'article 3 n'aurait jamais dû trouver place dans la convention : il est contraire à l'esprit de certaines décisions prises à Washington, il demande cependant à M. ZAALBERG de ne pas insister, étant donné qu'il s'agit d'adopter un texte qui résulte d'un compromis.

Au vote, l'amendement de M. LEYMANN est adopté par 56 voix contre 14, et l'article 3, ainsi amendé est approuvé par 59 voix contre 1.

M. OKAMOTO, délégué gouvernemental (Japon) déclare :

Que le Gouvernement ne peut pas approuver ce projet de convention, notamment à cause de cet article 3, qui interdit d'employer des jeunes gens de moins de 18 ans, alors que la convention concernant le travail de nuit pour les jeunes gens, adoptée à Washington, a fixé, pour le Japon, à 16 ans, l'âge d'admission à ces travaux. M. OKAMOTO déclare qu'il s'abstiendra donc de voter.

M. POULTON, délégué ouvrier (Grande-Bretagne) déclare qu'il a été entendu dans les différents groupes qu'on donnera au Japon la latitude qu'il demande.

Sir MONTAGUE BARLOW, délégué gouvernemental (Grande-Bretagne) :

Attire l'attention de la Conférence sur la nécessité qu'il y a de réunir, pour le vote de cette convention le quorum fixé par l'article 16 du règlement. Ce projet étant déjà le résultat d'un compromis entre tous les groupes, il estime qu'il serait désastreux que la convention échouât à cause de trop nombreuses abstentions. Il annonce que c'est pour ces raisons que les délégués du Gouvernement britannique voteront pour la convention.

Au vote final par appel nominal, *le Projet de Convention concernant l'emploi de la céruse dans la peinture* est votée par 90 voix contre 1 abstention (Mr. BROWN, délégué gouvernemental du Canada).

Le texte du projet de convention adopté est le suivant :

1) *Projet de convention concernant l'emploi de la céruse dans la peinture.*

La Conférence générale de l'Organisation internationale du Travail de la Société des Nations,

Convoquée à Genève par le Conseil d'Administration du Bureau international du Travail et s'y étant réunie le 25 octobre 1921, en sa troisième session.

Après avoir décidé d'adopter diverses propositions relatives à l'interdiction de l'emploi de la céruse dans la peinture, question formant le sixième point de l'ordre du jour de la session, et

Après avoir décidé que ces propositions prendraient la forme d'un projet de convention internationale,

Adopte le projet de convention ci-après à ratifier par les Membres de l'Organisation internationale du Travail, conformément aux dispositions de la Partie XIII du Traité de Versailles et des Parties correspondantes des autres Traités de paix :

Article Premier

Tout Membre de l'Organisation internationale du Travail qui ratifie la présente convention s'engage à interdire, sous réserve des dérogations prévues à l'article 2, l'emploi de la céruse, du sulfate de plomb et de tous produits contenant ces pigments dans les travaux de peinture intérieure des bâtiments, à l'exception des gares de chemins de fer et des établissements industriels dans lesquels l'emploi de la céruse, du sulfate de plomb et de tous produits contenant ces pigments est déclaré nécessaire par les autorités compétentes, après consultation des organisations patronales et ouvrières.

L'emploi de pigments blancs contenant au maximum 2 % de plomb, exprimé en plomb métal, reste néanmoins autorisé.

Art. 2

Les dispositions de l'article premier ne seront applicables, ni à la peinture décorative, ni aux travaux de filage et de rechampissage.

Chaque Gouvernement déterminera la ligne de démarcation entre les différents genres de peinture et réglementera l'emploi de la céruse, du sulfate de plomb et de tous produits contenant ces pigments en vue de ces travaux, conformément aux dispositions des articles 5, 6 et 7 de la présente convention.

Art. 3

Il est interdit d'employer les jeunes gens de moins de dix-huit ans et les femmes aux travaux de peinture industrielle comportant l'usage de la céruse, du sulfate de plomb et de tous produits contenant ces pigments.

Les autorités compétentes ont le droit, après consultation des organisations patronales et ouvrières, de permettre que les apprentis de la peinture soient employés pour leur éducation professionnelle aux travaux interdits au paragraphe précédent.

Art. 4

Les interdictions prévues aux articles 1 et 3 entreront en vigueur six ans après la date de clôture de la troisième session de la Conférence internationale du Travail.

Art. 5

Tout Membre de l'organisation internationale du Travail ratifiant la présente convention s'engage à réglementer, sur la base des principes suivants, l'emploi de la céruse, du sulfate de plomb et de tous produits contenant ces pigments dans les travaux pour lesquels cet emploi n'est pas interdit :

I. — *a*) La céruse, le sulfate de plomb ou les produits contenant ces pigments ne peuvent être manipulés dans les travaux de peinture que sous forme de pâte ou de peinture prête à l'emploi ;

b) Des mesures seront prises pour écarter le danger provenant de l'application de la peinture par pulvérisation ;

c) Des mesures seront prises, toutes les fois que cela sera possible, en vue d'écarter le danger des poussières provoquées par le ponçage et le grattage à sec.

II. — *a*) Des dispositions seront prises afin que les ouvriers peintres puissent prendre tous soins de propreté nécessaires au cours et à l'issue du travail ;

b) Des vêtements de travail devront être portés par les ouvriers peintres pendant toute la durée du travail ;

c) Des dispositions appropriées seront prévues pour éviter que les vêtements quittés pendant le travail soient souillés par les matériaux employés pour la peinture ;

III. — *a*) Les cas de saturnisme et les cas présumés de saturnisme feront l'objet d'une déclaration et d'une vérification médicale ultérieure par un médecin désigné par l'autorité compétente ;

b) L'autorité compétente pourra exiger un examen médical des travailleurs lorsqu'elle l'estimera nécessaire.

IV. — Des instructions relatives aux précautions spéciales d'hygiène concernant leur profession seront distribuées aux ouvriers peintres.

Art. 6

En vue d'assurer le respect de la réglementation prévue aux articles précédents, l'autorité compétente prendra toutes mesures qu'elle jugera nécessaires, après avoir consulté les organisations patronales et ouvrières intéressées.

Art. 7

Des statistiques relatives au saturnisme chez les ouvriers peintres seront établies :

a) Pour la morbidité, au moyen de la déclaration et de la vérification de tous les cas de saturnisme ;

b) Pour la mortalité, suivant une méthode approuvée par le service officiel de statistique dans chaque pays.

Art. 8

Les ratifications officielles de la présente convention dans les conditions prévues à la Partie XIII du Traité de Versailles et aux Parties correspondantes des autres Traités de paix seront communiquées au Secrétaire général de la Société des Nations et par lui enregistrées.

Art. 9

La présente convention entrera en vigueur dès que les ratifications des deux Membres de l'Organisation internationale du Travail auront été enregistrées par le Secrétaire général.

Elle ne liera que les Membres dont la ratification aura été enregistrée au Secrétariat.

Par la suite cette convention entrera en vigueur pour chaque Membre à la date où sa ratification aura été enregistrée au Secrétariat.

Art. 10

Aussitôt que les ratifications de deux Membres de l'Organisation internationale du Travail auront été enregistrées au Secrétariat, le Secrétaire général de la Société des Nations notifiera ce fait à tous les Membres de l'Organisation internationale du Travail. Il leur notifiera également l'enregistrement des ratifications qui lui seront ultérieurement communiquées par tous autres Membres de l'Organisation.

Art. 11

Tout Membre qui ratifie la présente convention s'engage à appliquer les dispositions des articles 1, 2, 3, 4, 5, 6 et 7 au plus tard, le 1er janvier 1924, et à prendre telles mesures qui seront nécessaires pour rendre effectives ces dispositions.

ART. 12

Tout Membre de l'Organisation internationale du Travail qui ratifie la présente convention s'engage à l'appliquer à ses colonies, possessions et protectorats, conformément aux dispositions de l'article 421 du Traité de Versailles et des articles correspondants des autres Traités de paix.

ART. 13

Tout Membre ayant ratifié la présente convention peut la dénoncer à l'expiration d'une période de dix années après la date de la mise en vigueur initiale de la convention par un acte communiqué au Secrétaire général de la Société des Nations et par lui enregistré. La dénonciation ne prendra effet qu'une année après avoir été enregistrée au Secrétariat.

ART. 14

Le Conseil d'Administration du Bureau international du Travail devra, au moins une fois tous les dix ans, présenter à la Conférence général un rapport sur l'application de la présente convention et décidera s'il y a lieu d'inscrire à l'ordre du jour de la Conférence la question de la révision ou de la modification de ladite convention.

ART. 15

Les textes français et anglais de la présente convention feront foi l'un et l'autre.

Imprimerie Meignen et Bénazeth - Nantes

www.ingramcontent.com/pod-product-compliance
Lightning Source LLC
LaVergne TN
LVHW052017160826
845678LV00003B/1087

* 9 7 8 2 3 2 9 6 5 0 4 5 6 *

CONTRIBUTION A LA MATIÈRE MÉDICALE
DE L'ILE MAURICE

ETUDE

SUR

L'HERBE DE FLACQ

OU

HERBE GRASSE, GUERIT-VITE, HERBE DIVINE

SIEGESBECKIA ORIENTALIS Lin. D. C.

PAR LE

DR. CLEMENT DARUTY DE GRANDPRÉ

Membre Correspondant de la Société de Médecine et de Chirurgie
de Bordeaux

(Extrait du *Bulletin de la Société Médicale de l'Ile Maurice, Août 1888.*)

PORT-LOUIS

IMPRIMERIE E. DUPUY, RUE DE L'EGLISE, 29

1888

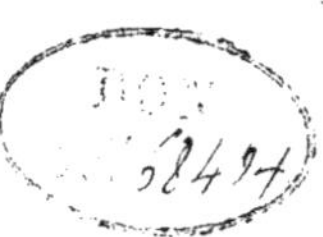

SIEGESBECKIA ORIENTALIS

OUVRAGES DU MÊME AUTEUR

I

Plantes Médicinales de l'Ile Maurice et des Pays Inter-tropicaux. Port-Louis 1886.

II

Etude sur le Cassia Alata. Port-Louis 1887.

III

Etude sur le Bévilacqua (Hydrocotyle Asiatica Lin.) Port-Louis 1888.

CONTRIBUTIONS A LA MATIÈRE MÉDICALE DE L'ILE MAURICE.

Sur les propriétés médicinales de quelques unes de nos plantes indigènes

Par le Dr. Clément Daruty de Grandpré.

Membre Correspondant de la Société de Médecine et de Chirurgie de Bordeaux

---

Siegesbeckia Orientalis. Lin. D.C.

§ I. Historique.

Le Siegesbeckia Orientalis est une plante herbacée annuelle de la famille des Composées, tribu des Astéroidées.

Linné l'a placée à la tête d'un genre particulier, les Siegesbeckiées, dont il existe plusieurs variétés, telles que : *S. Abyssinica O. L. H.* Elle est originaire d'Abyssinie et non de l'Inde comme on se plait à le dire ; du reste on n'en trouve aucune mention dans les ouvrages qui traitent de la botanique de l'Inde ou de la Matière Médicale de ce pays. Les ouvrages des anciens médecins sanscrits et indous sont muets sur son sujet. John Graham, dans son "*Catalogue of the plants growing in Bombay and its vicinity*" cite, d'après le dire du Dr. List, le Siegesbeckia Orientalis comme une plante assez commune dans le Deccan.

Le célèbre professeur d'Upsal avait dédié cette plante à un savant de son temps Siegesbeck, Médecin Allemand.

On la rencontre, de la Perse en allant vers l'Est au Japon et de là au Sud de l'Australie ; elle croît à Madagascar, aux iles Comores, Sêchelles, Rodrigues ; elle est répandue en Afrique, sur les bords du Nil, à l'Ile de Dalak dans la mer Rouge ; elle a été naturalisée à Maurice, où elle se rencontre partout du bord de la mer à 1467 pieds d'élévation ; elle n'existe pas encore à Curepipe (1812 pieds). Elle constitue, ce que nous appelons, une mauvaise herbe, venant serrée, étouffant les plantations ; elle pousse aux premières pluies avec une rapidité très grande et atteint quelquefois trois ou quatre pieds de hauteur ; elle fleurit à différentes époques. Elle n'est aucunement fourragère. Les oiseaux seuls sont assez friants de ses graines oléagineuses.

Linnée parle de son emploi dans le bégayement des enfants ? Decandole la cite, dans *ses essais*, à la page 179.

Soubeiran en parle aussi dans son *traité de pharmacie* (*T. I, page* 643) comme sialagogue, tonique, stimulant et apéritif.

Mérat et de Lens, dans leur *dictionnaire de Matière Médicale et de thérapeutique*, page 341 T. VI 1834, rapportent qu'un jour M. Louis Bouton, notre regretté secrétaire de la Société Royale des Arts et des Sciences et auteur d'un travail très-intéressant sur les plantes médicinales de Maurice, envoya les échantillons de cette plante à M. le Vicomte de Cassini ; celui-ci les présenta à M. Mérat en lui disant qu'à Maurice la Siegesbeckié était réputée contre la syphilis ; propriété que M. Bouton révoquait en doute.

Charpentier de Cassigny cite dans ses *moyens d'amélioration des Colonies* T. I, P. 35 et 36, à propos des vertus de cette plante, un fait que nous rapporterons plus loin.

M. J. F. D. Emile Vinson, dans sa thèse inaugurale de pharmacie, présentée et soutenue à l'école de pharmacie de Paris en 1855, pour obtenir le grade de pharmacien de 1re classe ; « *Essai sur quelques plantes utiles de l'Ile Bourbon,* » a écrit la monographie la plus complète que nous possédions sur le Siegesbeckia Orientalis. Aussi y puiserons-nous, non seulement pour rendre cette étude plus intérressante, mais encore comme un hommage rendu à ce savant observateur.

Le Siegesbeckia a été introduit à Maurice au commencement du siècle dernier. Il croît au quartier de Flacq, où on l'a, dit-on, expérimenté pour la première fois; de là lui vient son nom Créole, *Herbe de Flacq*, nom par lequel on le désigne généralement. Les feuilles sont poisseuses au toucher, les organes floraux contenant un suc gommo-résineux ; les Créoles le nomment *Herbe grasse* et à l'Ile Bourbon pour ces mêmes raisons *Colle-Colle* ; il est aussi connu sous les noms de *Guérit-vite, d'Herbe divine*. Ces noms vulgaires disent assez haut ses vertus et sa popularité.

§ II. Botanique.

Siegesbeckia Orientalis, *Lin.* Sp. plant Edit. I.P. 900.

Syn. S. triangularis, *Cav.* et Sp. 2 a 7, D.C. *prod.* V. 495
S. brachiata. Rrox. flora 3. P. 439.
Gaert. 2 t. 168 Wighte Con. Ind bot. P. 17.
Figures. Lamk. illust. t. III 687.

Description : Plante herbacée annuelle de la famille des Composées, tribu des Astéroidées (Syngenesie polygamie superflue). Sa hauteur varie ; elle atteint habituellement de quarante à cinquante centimètres ; cependant dans les terrains gras et propices, elle arrive jusqu'à un mètre. Sa tige est ronde, légèrement velue, verte, et en quelques endroits rougeatre, avec des branches bi-ou-trichotomes ; ses racines sont pivotantes.

Feuilles.—éloignées les unes des autres, opposées, à contour général triangulaire ou deltoïde, à sommet aiguë ; à la base elles se terminent par un rétrécissement graduel en un long manche le long du pétiole, elles sont à peine pétiolées, elles ont une direction réfléchie i.e. recourbée pour porter le sommet en bas ; l'état de leur surface est crispée, veloutée, recouverte d'un léger duvet, leur substance est membranaccée; elles sont irrégulièrement dentelées sur les bords, elles ont de 3 ou 6 pouces de longueur et 2 à 3 pouces de largeur à la base, leur nervure médiane est rosée ou rougeatre.

Fleurs.—Composées au nombre de 16 en un capitule écailleux, occupant l'extrémité d'un pédoncule non renflé, frèle et glandulifère, les pédicelles sont inégaux et partent du pédoncule commun à des hauteurs différentes et forment un corymbe terminal espacé, toutes sont fertiles ; celles du centre formant les fleurons sont au nombre de huit, à corolle tubuleuse, très petite, staminifère, terminée par 5 dents ordinairement égales.

Celles de la circonférence, aussi au nombre de huit, sont des demi-fleurons à corolle jaune clair et imparfaitemeut ligulée.

Chaque fleuron ou demi-fleuron est accompagné d'une bractée.

Involucre.—Simple à 5 bractées externes ou folioles très longues [illegible] à [illegible] de pouces, obtusangulées, linéaires, claviformes, abondamment pourvues de poils glanduleux qui sécrètent une liqueur visqueuse et enduit la peau d'un véritable vernis. Les bractées internes sont oblancéolées, beaucoup plus courtes que les externes, mais sont aussi longues que les achaines.

Etamines.—Au nombre de 5 à filets libres, soudées avec la corolle, à anthères soudées ensemble en tube traversées par le style.

Style.—Court et plat, se divisant en deux branches stigmatiques.

[illegible]—Inférées, attachées au réceptacle commun, mais libres.

Fruits.—Sont des achaines ; la graine est petite, de couleur noire, [illegible] de pouces de long, triangulaire, bouffie, recouverte du coté externe, nue ou découverte du coté regardant le centre du Capitule, mais recouverte d'une bractée glanduleuse extérieurement, blanchâtre à l'intérieure, oléagineuse; elle n'est pas surmonté d'une, aigrette.

§ III Matière Médicale,

Partie officinale.—On emploie généralement les feuilles, les boutons floraux avec leurs bractées glandulifères. Comme nous l'avons déjà dit, les feuilles sont poisseuses au toucher, et les organes floraux contiennent un suc gommo-résineux; elles ont une odeur aromatique *sui generis*; le goût en est très amer, mais pas trop désagréable.

Il faut récolter l'Herbe de Flacq alors que la plante est en pleine végétation et la faire sécher à l'ombre et à l'air, la remuer de temps en temps afin de permettre à toutes les parties de sécher convenablement. Elle perd par la dessication les $\frac{3}{4}$ de son poids; c'est-à-dire qne 100 ℔ de feuilles fraiches donnent 24 livres de feuilles sèches, qu'on mettra en un lieu sec dans des caisses bien closes.

Comme cette plante donne moins d'extrait lors de la floraison, il est préférable de la récolter avant cette époque.

Le suc de la plante est d'une couleur vert foncé; on l'emploie pour guérir les ulcères sordides et atoniques, cicatriser les plaies. Lorsqu'il est déséché il laisse sur la plaie un vernis semblable à celui qui serait produit par une dissolution de gomme, le collodion; ce vernis empêche l'action de l'air, fait d'une grande importance, remarque Vinson, dans les pays chauds où le tétanos est toujours à craindre. Il est remarquable, ajoute-t-il, que là où certaines affections sont la conséquence du climat, la nature a mis à côté le remède ou pour le moins un préservatif.

§ IV. Analyse Chimique.

Mr. Emile Vinson est le premier qui se soit occupé scientifiquement du *Siegesbeckia orientalis*; il en a fait l'analyse chimique et voici textuellement ce qu'il dit :

“Les cendres obtenues de feuilles de la Siegesbeckié de l'Ile Bourbon contiennent les principes suivantes ;

Chaux,
Magnésie,
Alumine,
Manganèse,
Acide sulfurique,
Chlore,
Acide carbonique.

Les feuilles m'ont donné à l'analyse :

1o. Un principe aromatique oléagineux jaune verdâtre, très soluble dans l'Ether.
2o. Une résine verte soluble dans l'Ether et dans l'Alcool
3o. Une résine brune soluble dans l'Alcool ;
4o. Un principe extractif amer très soluble dans l'eau ;
5o. De la Gomme ;
6o. De la Chlorophylle.

Je crois devoir rapporter au principe extractif amer les vertus curatives du *Siegesbechia Orientalis* ;

Les préparations qui ont été mises en usage jusqu'à ce jour sont celles qui ont pour véhicule l'eau. Je pense qu'on doit les continuer parceque le principe amer est plus solnble dans l'eau que dans l'alcool et l'éther.”

Ceci était écrit en 1855.—Trente ans après Mr. Lionel Auffray, élève en pharmacie, épris de l'amour de la science, dirigea ses études vers l'analyse de nos plantes, médicinales. Ce modeste et infatigable chimiste, dont nous déplorons la mort prématurée, après avoir pour la première fois à Maurice extrait la quinine des quinquinas de la propriété Cluny, voulut chercher le principe actif de certaines de nos merveilleuses plantes si réputées à soulager nos malades de la classe pauvre. Comme il le dit dans le résumé de ses recherches : “ les précieuses vertus de l'Herbe de Flacq (Siegesbeckia Orientalis) jointes à sa saveur amer, me firent supposer qu'il contenait un principe amer actif quelconque et me déterminèrent à le chercher.”

Quelque temps après nous avons reçu de lui la lettre suivante, accompagnée d' un résumé de ses recherches et d'un échantillon du principe actif de cette plante; j'en donnai lecture à la séance du 24 Septembre 1885 de la Société Royale des Arts et des Sciences de l'Ile Maurice ; et pour rendre l'historique de cette découverte plus complète nous donnerons copie de ces documents, de la revendication de M. Vinson et du résumé du Président.

" Cluny, 21 Sept. 1885.

Mon cher Dr. Daruty,

Je vous envoie sous ce pli, un résumé des recherches que je viens de faire sur notre herbe grasse, ou herbe de flacq.

J'ai découvert dans cette plante un principe amer cristallisable qui trouverait peut-être sa place dans la colonne des principes actifs de votre livre sur nos plantes médicinales, car il me semble qu'en parcourant dernièrement votre manuscrit, le principe actif de cette plante était encore à trouver, et si vous voulez bien me le permettre je nomme ce principe de votre nom, la *Darutine* en souvenir du livre si utile dont vous allez bientôt nous doter.

Recevez mon cher docteur, mes salutations et croyez moi votre tout dévoué.

(S.) L. AUFFRAY.

Voici les notes présentées par M. L. Auffray, à la séanee de la Société Royale des Arts et des Sciences du 24 Septembre 1885.

" LA DARUTINE. "

" *Résumé des recherches faites sur l'herbe de Flacq, ou herbe grasse, ou herbe divine ou guéri vite (Siegesbeckia Orientalis.*

L'herbe de Flacq est connue de tout le monde pour ses propriétés éminemment dépuratives, comme pour l'action sicative qu'elle exerce sur les plaies les plus invétérées. Seulement, elle est jusqu'ici restée tout à fait dans le domaine de l'empirisme et peu de médecins ont cherché à l'introduire dans la matière médicale où elle est appelée, il me semble, à supplanter la salsepareille.

Les précieuses vertus de cette plante, jointes à sa saveur amère, me firent supposer qu'elle devait contenir un principe actif quelconque, et me déterminèrent à le chercher.

Il est inutile de mentionner ici toutes les expériences auxquelles je me livrai dans ce but. Je me bornerai simplement à décrire le procédé d'obtention, ainsi que les principales propriétés du corps que je découvris.

Procédé d'obtention.—Je fis bouillir des feuilles fraîches d'herbe grasse à plusieurs reprises dans de l'eau pure. Après avoir réuni les décoctés, je précipitai la matière colorante par du sous acétate plombique, j'éliminai l'excès de ce dernier par une légère addition d'acide sulfurique diluée (q. s.) et j'évaporai jusqu'à consistence d'extrait. Cet extrait fut trituré avec le quart de son poids de chaux, séché à une température ne dépassant pas 50'C, puis traité par de l'alcool à 36 °. Le résultat de cette opération fut une liqueur brune excessivement amère. Je distillai une certaine partie de l'alcool, je mélangeai le résidu à 5 ou 6 fois son volume d'eau, j'acidulai légèrement le mélange, et je laissai au repos pendant 6 heures après lesquelles je recueillis le dépôt formé, je le lavai, je le laissai égoutter, je le repris par l'alcool à 36 ° et je filtrai. La liqueur alcoolique qui en résulta, mélangée à 2 ou 3 fois son volume d'eau, laissa déposer peu de temps après une masse cristalline. Cette dernière fut recueillie sur un filtre, puis séchée entre des doubles de papier Joseph.

Après ce résultat, trouvant le procédé long et dispendieux, et désirant en trouver un plus simple et moins couteux, j'essayai la chaux comme agent de décantation. Je fis en conséquence une décoction d'herbe de Flacq que je traitai par la chaux, et après décantation, je laissai la liqueur au repos jusqu'au lendemain ; au bout de cet intervalle, il se déposa de la liqueur de fines aiguilles incolores. Je les recueillis et après les avoir examinées, je reconnus que c'était une substance identique à celle que j'avais obtenue par le premier procédé.

Ainsi, me basant sur cette expérience, j'ai adopté le mode opératoire suivant pour l'obtention de ce principe :

On épuise complètement des feuilles sèches d'Herbe de Flacq réduites en poudre grossière au moyen de l'eau bouillante dans un appareil à lixiviation, on réunit les liqueurs dans un vase long et étroit, on traite par un lait de chaux, et on décante au moyen d'un syphon au fur et à mesure que la matière colorante se dépose ; la liqueur est ensuite laissée au repos pendant 48 heures durant lesquelles le principe impur se dépose, on le recueille sur un filtre, on le lave à l'eau froide, on le fait sècher, et finalement on pulvérise. La matière pulvérulente est alors traitée par l'alcool à 36, puis filtrée, et la liqueur, décolorée par du noir animal, filtrée de nouveau, puis livrée à l'évaporation spontanée, laisse déposer le principe au bout de quelques ; jours on le recueille sur un filtre, et on fait sècher.

Obtenue comme il est dit ci-dessus, cette substance se présente sous la forme de masses légères, formées de petites paillettes d'un blanc nacré, inodores, très amères. Elle entre en fusion vers 250 °, et prend un aspect résineux. Elle est insoluble dans l'eau froide, le Chloroforme, la Benzine, les Alcalis, les Acides faibles. Elle se dissout dans l'eau bouillante et par le refroidissement, se dépose sous la forme d'aiguilles fines, rayonnant d'un centre commun et représentant une houppe, un éventail, etc. Ces cristaux ne sont visibles à l'œil nu que lorsqu'ils se forment dans des liqueurs étendues. Elle se dissout dans l'alcool à 36 °, 1 en 5.3 ; l'Ether, 1 en 66 ; la Glycerine, 1 en 100. Sous l'influence de l'acide sulfurique au 10me, elle se dédouble en glucose, et en un autre corps résineux, verdâtre, soluble dans l'alcool ; l'acide sulfurique fort la dissout en prenant une coloration brune, ou lie de vin ; la coloration brune a été obtenue avec de l'acide sulfurique pur réactif et la coloration lie de vin avec de l'acide du commerce ; l'acide muriatique fort la dissout sans coloration ; mais en chauffant la liqueur, elle passe d'abord au violet, puis au vert ; à ce moment il s'en sépare une matière résineuse également verte qui jaunit au contact de l'ammoniaque.

200 grammes de feuilles fraîches m'ont donné 3 grammes de cette substance, ce qui correspond à un rendement de 0.15 pour cent ; soit 0.6097 pour cent de feuilles sèches.

Si cette substance arrive à prendre place dans la matière médicale, elle aura sans doute besoin d'être étudiée ; cette tache incombera alors à des connaissances plus réelles et à des mains plus habiles que les miennes.

Maintenant, d'après les recherches que j'ai faites dans divers traités de matière médicale, et chez les auteurs qui se sont occupés des principes actifs des plantes, je ne sache pas que jamais on eût analysé le Siegesbeckia Orientalis. Si tel est le cas, j'ose dire que je suis le premier à l'avoir fait, et cette substance que je viens de d'écrire, je la nomme par mon droit de priorité la *Darutine*, en l'honneur du Dr Daruty qui vient de faire un travail remarquable sur les plantes médicinales de la colonie."

A la séance du 26 Novembre 1885, Mr le Dr Poupinel de Valencé, président, a donné lecture de la lettre suivante de Mr Auguste Vinson, membre correspondant à la Réunion, de la Société Royale des Arts et des Sciences :

" St. Denis, (Réunion),
27 Octobre 1885.

A Monsieur le Président de la Société Royale des Arts et des Sciences de l'Ile de Maurice.

Monsieur et très honoré Collègue, je lis dans les *Planter's Gazette* et dans le *Sport Colonial* du 26 Octobre 1885, le résumé des notes présentées par M. L. Auffray à l'occasion de ses travaux sur une plante médicinale de l'Inde, importée dans nos colonies, le Sigesbeckia Orientalis de Linné.

Il est évident que M. L. Auffray ne connaissait pas que le même sujet avait été traité sur mes indications. il y a trente ans par un de mes parents, M. Emile Vinson trop tôt enlevé à la science, dans sa thèse inaugurale de Pharmacie. Paris 1855.

J'ai l'honneur de vous adresser ci-joint un exemplaire de cette thèse dont la vétusté atteste l'ancienneté.

Je compte sur votre honorable justice pour en publier l'extrait dans votre *Bulletin*, en même temps que l'insertion des recherches très intéressantes de M. L. Auffray sur la *Darutine.*

Vous devez cet honneur à un collaborateur qui n'est plus et qui fut un membre correspondant de la Société Royale des Arts et Sciences de l'Ile Maurice.

Vous trouverez dans ce travail que le vénéré M. Louis Bouton fut un des premiers qui fit connaître les vertus réelles de l'herbe de Flacq, en envoyant des échantillons à M. le Vicomte de Cassini qui les présenta à M. Mérat.

Je vous supplie Monsieur, de ne point voir dans la démarche qui m'anime une révendication jalouse aussi loin de mon cœur que de mon esprit, mais bien au contraire un hommage aux sentiments d'humanité de M. L. Auffray et une sanction des mérites de ses travaux, puisque à 30 ans de distance, deux hommes ont pu se rencontrer dans les mêmes idées et les mêmes intentions.

Veuillez agréer Monsieur le Président, l'expression de mes sentiments les plus distingués.

(S.) Auguste VINSON.

Membre correspondant de la Société Royale des Arts et des Sciences de l'Ile Maurice."

M. le Secrétaire donne ensuite lecture de l'analyse de M. Emile Vinson. (Analyse que nous avons rapportée plus haut.)

Il fait ensuite remarquer: que d'après les nouvelles observations de M. Auffray, il n'y a pas de doute qu'il a découvert un produit original. M. Vinson ne parle pas du tout, dans sa thèse, de Glucoside.

M. Poupinel de Valencé, *Président* :—" Nous sommes en présence de deux réclamations. Le caractère chevaleresque du Dr. Vinson nous est trop connu pour que nous puissions douter de ses intentions ; mais d'un autre côté les deux produits ne se resemblent pas. M. Emile Vinson parle bien dans sa thèse d'un principe amer, mais il ne mentionne aucun produit. M. Auffray, au contraire, nous présente un glucoside. Je vous proposerai donc d'envoyer au Dr. Vinson un peu du produit obtenu par M. Auffray, afin qu'il puisse reconnaître que c'est un produit original.

" Nous ne manquerons pas, en même temps, de lui dire que nous ne mettons pas en doute le travail auquel s'est livré son parent, mais qu'il n'a rien obtenu dans ses recherches ; tandis que M. Auffray nous offre quelque chose de tangible. Il se peut que le travail de M. Emile Vinson ait servi de point de départ à celui de M. Auffray ; mais cela n'enlève rien à la valeur de sa découverte.

" Cette proposition est adoptée. "

§ V Action Physiologique.

L'Herbe de Flacq est un sudorifique ; elle fait du bien par son action diaphorétique, en augmentant l'élimination par la peau ; elle enlève à la masse des humeurs les principes qui en altèrent la pureté. Elle agit comme dépuratif, en neutralisant et en faisant sortir par la transpiration insensible dans le mouvement de rénovation incessante du corps, le levain de la scrofule, de la syphilis, de l'herpétisme, des dartres, et de la goutte que renferment le sang et les humeurs de certains individus. Elle réveille l'atonie intestinale ; l'action tonique de son suc explique ses effets remarquables sur les ulcérations sordides et atoniques.

Comme stomachique, elle peut remplacer avec efficacité es amers jusqu'ici connus en thérapeutiqne.

La feuille machée est d'une amertume extrême ; on l'emploit pour cette raison comme sialagogue et masticatoire ; De Candole signale cet usage dans son essai et Soubeiran en parle aussi, comme tonique, stimulant et apéritif.

" Mais c'est surtout comme dépuratif que les feuilles du " *Guérit-vite* peuvent être utiles au médecin, dit Emile " Vinson ; Il existe, ajoute-t-il, à Madagascar, à l'Ile de la " Réunion, à Maurice, chez les jeunes enfants, une altéra- " tion de la santé qui amène dans l'économie une pertu- " bation si profonde, qne beaucoup succombent avant " d'avoir atteint l'âge de cinq ans. Les symptômes sont " ceux d'une consomption, d'un amaigrissement, suivis " bientôt de bouffissures et d'œdème. Les intestins " s'irritent, le ventre se ballone, il y a peu ou point de " fièvre. Les membres s'infiltrent et la mort termine " cette scène de souffrances, dont la durée, longue d'or- " dinaire, est cependant variable.

" J'ai eu occasion de voir plusieurs cas de cette maladie " à l'époque où j'étais à l'Ile Bourbon ; et c'est à l'obli- " geance du docteur A. Vinson que je dois d'avoir étudié " l'effet du *Siegesbeckia Orientalis* sur elle. On rattache " en général cet état à l'influence d'un vice syphilitique.

" Le Siegesbeckia, dans ce cas, donné en sirop, en in- " fusion, a produit des succès merveilleux. Agissait-il " comme dépuratif, ou bien réveillait-il l'atonie intesti- " nale ? Toujours est-il que ses succès sont constants et " incontestables. Quand des affections de la peau simu- " lent un commencement de lêpre, on a vu le Siegesbec- " kia donné en bains, en boissons, en sirop, et employé " exclusivement, produire une guérison certaine."

Les faits empiriques de la Clinique Pathalogique sont corroborés par les faits empiriques de la Clinique Thérapeutique.

§ VI. Préparation Officinale.

Préparation et modes d'administration préconisées par E. Vinson dans sa thèse.

Décoction :—Usage interne 10 à 20 grammes de feuilles d'herbe de Flacq séchées pour 1000 grammes d'eau.

Suc exprimé :—50 à 100 grammes.

Usage externe :—Les feuilles de la plante en toutes proportions.

Suc de Siegesbeckia : —On pile les feuilles de Siegesbeckia ; on l'exprime et on filtre le suc à froid. Ce suc renferme tous les principes actifs de la plante ; on peut le prescrire pour penser les ulcères sordides, les plaies de toute nature, les brûlures, les coupures.

Tisane de Siegesbeckia :—

Feuilles sèches ou fraîches....	100	grammes
Eau	500	„

Pour laver les ulcères, les blessures, pour bain, et lotion dans les maladies de la peau.

Vin de Siegesbeckia :

R/ Feuilles sèches	1	gramme
Vin blanc généreux	31	„
Alcool à 86 ° (31 ° Cart) ..	1	„

Contusez les feuilles, versez dessus de l'alcool, et après vingt-quatre heures ajoutez le vin blanc. Laissez macérer deux jours ; passez avec expression et filtrez.

Sirop de Siegesbeckia :

Suc dépuré de Siegesbeckia......	1	gramme
Sucre Blanc	2	„

Chauffez au bain Marie pour dissoudre le sucre ; passez quand le sirop est refroidi. L'albumine en se coagulant clarifie spontanément le sirop qui est d'une belle couleur jaune verdâtre.

Teinture de Siegesbeckia :

Feuille de Siegesbeckia	1 gramme
Alcool à 56°	4 „

Faites macérer pendant huit jours ; passez avec expression, filtrez.

Cette liqueur est d'une belle couleur verte, vue par transmission, et rouge foncé vue par réfraction.

Extrait mou de Siegesbeckia :

Voici les préparations que nous préconisons et dont nous nous servons avec avantage.—Je tiens ce modus operandi de M. De Gaye, Pharmacien à Mahébourg, qui seul prépare, à ma satisfaction, le sirop dépuratif végétal dosé d'après mes observations Cliniques :

(1o.) L'Herbe de Flacq donne, quant elle est convenablement travaillée ; le $\frac{1}{4}$ de son poids de bon extrait soit 25 %.

(2o.) Pour obtenir une bonne préparation il faut récolter la plante lorsqu'elle est en pleine végétation et la faire sécher à l'ombre, pendant un mois, en ayant soin de la retourner tous les 2 ou 3 jours, afin de permettre à toutes les parties de sécher convenablement.

(3o.) Ecrasez la en poudre grossière et placez-la, dans un appareil à lixiviation ou elle est légèrement tassée ; versez dans l'appareil de l'eau bouillante à 3 ou 4 reprises différentes, recueillez à chaque fois le liquide et recommençez jusqu'à épuisement de la plante ; ce qui se reconnait au liquide incolore et privé d'amertume qui sort de l'appareil. Réunissez alors toutes les liqueurs ; et faites concentrer et évaporer à une douce chaleur, jusqu'à consistance d'extrait. Cette opération dure d'ordinaire 3 jours.

(4o.) Cet extrait sert à préparer un sirop qui contient tous les principes du Siegesbeckia. Il est d'ordinaire assez coloré.

Sirop d'Extrait mou de Siegesbeckia :

Faites dissoudre 10 grammes d'extrait mou de Siegesbeckia (ce qui équivaut à 40 grammes de la plante) dans 60 grammes d'eau, filtrez la solution et versez la dans une Capsule contenant 360 grammes de Sirop à 31 ° fort. Portez à l'ébulition et laissez refroidir. La dose de ce Sirop est de 2 à 4 cuillerées à bouche pour les adultes et 1 à 4 cuillerées à café pour les enfants, selon l'âge.

Pilules d'extrait de Siegesbeckia :

Aux personnes qui ont de la répugnance à prendre le Sirop, à cause de son amertume, nous prescrivons des pilules dépuratives, qui contiennent chacune cinq grains d'extrait ; à prendre une matin et soir.

Elixir dépuratif de Siegesbeckia :

Formule de Mr A. C. Edwards (Pharmacien)

	Extrait mou de Siegesbeckia........	12	grammes
	Eau distillée	360	„
	Vin Blanc	100	„
	Sirop de baume de Tolu............	240	„
*	Teinture aromatique composée	125	„
**	Iodure de potassium	8	„

Un verre à liqueur trois fois par jour.

Cet élixir contient 50 cent. d'extrait mou de Siegesbeckia par cuillérée à bouche.

N.B. La teinture aromatique composée se prépare avec :

Rhum à 36°	120 grammes
Ecorces de Cannelle	2 „
Ecorces d'oranges amères	6 „
Safran Oriental	50 centgr
Teinture de Vanille	12 grammes

** L'Iodure de potassium s'associe au Sirop si le médecin le juge nécessaire.

Teinture de Siegesbeckia. (Christy) se prépare par l'épuisement de 2 onces ½ de feuilles sèches avec de l'esprit rectifié, et on complète le tout en ajoutant de l'alcool pour faire une pinte de teinture.

Sirop de Siegesbeckia (Christy),

Teinture de Siegesbeckia..........	15 grammes
Bi-Carbonate de Soude	4 „
Sirop de limon—ad	150 „

Une cuillerée à dessert pour les adultes, et 30 gouttes à une cuillerée à café aux enfants.

On ajoute le Bi-Carbonate de Soude pour en diminuer l'âcreté.

Onguent de Siegesbeckia :

Extrait de Siegesbeckia	4 grammes
Vaseline ou Axonge...............	30 „

Faites le mélange dans un mortier ; s'en servir comme onguent pour déterger les plaies, etc.

Glycérolé de Siegesbeckia. (Dr J. Hutchison)

Teinture de Siegesbeckia } àà
Glycérine }

En friction pour détruire les dartres et les aphthes et les maladies parasitaires de la peau.

L'Herbe de Flacq rentre aussi dans la composition d'un Sirop contre la Laryngite chronique. Ce Sirop bien connu à Maurice a été composé par Mr Poupinel de Valencé, ancien Pharmacien : nous en avons donné la formule, à la page 25 dans *les plantes médicinales de l'Ile Maurice.*

R/ Herbe de Flacq	..Siegesbeckia Orientalis.	45	grms.
Baume l'Ile Plate	..Psiadia glutinosa ...	40	fles.
Pistaches marronnes	Atylosia Scarabœoides..	250	grms.
Cassepuante	......Cassia Occidentalis....	250	„
Raquette	........Opuntia Tuna	150	„

Ces plantes doivent être employées vertes, et de la manière suivante :

Après avoir abandonné le tout à une macération de 24 heures dans 4 bouteilles d'eau froide, on porte à l'ébullition jusqu'à réduction de moitié, soit 2 bouteilles. On retire du feu, on passe, puis on ajoute 2 fois le poids du liquide en sucre ; on porte une seconde fois le tout sur le feu, pour aider à la dissolution parfaite du sucre. Puis, encore bouillant, on le passe au travers d'une chausse de laine. La dose de ce sirop est : une cuillerée à bouche matin et soir.

§ VII Etude Thérapeutique.

En commençant par les anciens nous voyons la mention suivante, dans Charpentier de Cassigny : *Moyen d'amélioration et de restauration, proposés au gouvernement et aux habitants des colonies.* Paris 1802, T.I. page 35 et 36 :

“ La plante vient partout, sans soins et sans culture ;
“ c'est un puissant vulnéraire ; mais ce qui la rend pré-
“ cieuse, c'est qu'elle est admirable contre la gangrène,
“ suivant le rapport de plusieurs personnes dignes de foi
“ qui en ont éprouvé les effets.

" La lettre du 21 Nivôse an 9, que m'a fait l'amitié " de m'écrire, à ce sujet, pendant mon séjour à l'Ile de " France, le citoyen Pellicot, jadis Chirurgien du régi- " ment d'Angénois, infanterie, et qui exerce avec succès " la même profession à l'Ile de France, est trop intéres- " sante pour que je ne saisisse pas l'occasion de faire " connaître un remède qui peut-être utile à l'humanité.

" L'herbe de flacq est un puissant remède contre la " gangrène : je l'emploie journellement. Je fais piler " cette plante, j'en extrais le suc, dont j'imbibe un plu- " masseau bien mollet, et je l'applique sur la plaie ou " l'ulcère, Je fais bouillir le marc dans de l'eau pour " laver la plaie avant le pansement. Lorsque la gangrène " est interne, je m'en sers en injection.

" J'ai guéri une grande quantité de personnes avec le " suc de cette plante.

" Voici une exemple bien frappant de sa vertu.

" Le 15 brumaire de l'an 8, un noir Mozambique " vient à l'hôpital ; il avait une hernie avec étranglement " du côté droit. La gangrène était déjà dans la portion " de l'intestin qui est dans le scrotum ; je le regardais " comme incurable. Je ne pouvais pas faire l'opération, " le malade était trop faible : J'appliquai sur le mal un " grand cataplasme de *l'herbe de flacq* pilée ; vingt-quatre " heures après, j'ôtai le cataplasme pour le renouveler ; " je trouvai, à mon grand étonnement, toute la partie " gangrénée de l'intestin et du scrotum détachée, et trois " gros vers, qui étaient sans doute dans l'intestin lors de " la chûte. Enfin, Monsieur, je vous dirai, pour " abréger, qu'au bout de vingt jours ce noir a été parfaite- " ment guéri. Je vous avoue que je ne conçois pas " comment l'intestin a pu se cicatriser. Je ne suis pas " assez savant pour expliquer ce phénomène ; je m'en " tiens au narré du fait, qui est exact.

Cossigny ajoute : " On doit s'en rapporter entièrement " au témoignage de ce galant homme, dont la moralité et " les talens ont obtenu l'estime de la Colonie."

Plus loin Cossigny en parlant de la même plante dit : " Le citoyen Hubert, de l'ile de la Réunion, qui recon- " nait aussi les vertus de *l'herbe divine*, ajoute qu'elle " guérit très bien les vieux ulcères, mais que l'humeur " répercutée cause alors beaucoup de maux, si l'on ne " prend pas la précaution de l'évacuer par des purgatifs. " Il ajoute qu'il y a sur les stigmates et même sur les " fleurs de cette plante, une liqueur visqueuse qui ne se " dissout pas dans l'eau, mais dans l'esprit de vin."

Cette observation du Chirurgien Pellicot quoique *couleur de Rose* n'est pas moins intéressante et nous fait voir que les vertus curatives de *l'herbe de flacq* étaient déjà appréciées par les plus anciens médecins de l'île.

En 1857 le Gouvernement de l'île de la Réunion confia à M. G. Imhaus le soin de recueillir des échantillons des principales productions de cette Ile, destinés à l'Exposition permanente des produits coloniaux à Paris, et de les accompaner d'une notice. M. Imhaus, aidé des quelques zélés créoles, se mit à l'œuvre et réalisa le vœu du gouvernement local. Il publia en même temps le résultat de ses travaux dans une intéressante brochure intitulée :

Ile de la Réunion. Notice sur les principales productions naturelles et fabriquées de cette île, par M. G. Imhaus.

Paris Imprimerie de E. Donnaud, rue Cassette 9. 1862 in 8o. *

Dans la *nomenclature des plantes et écorces médicinales,* figure, à la page 39 " Guérit-vite, herbe divine, ou herbe de Flacq. Siegesbeckia Orientalis."

" C'est une des plantes les plus utiles de la Réunion. " Employée autrefois par les empiriques seulement, elle " a fini par occuper une place importante dans la pratique " des médecins.

---

* Je dois la communication de cette notice à la bienveillance de mon ami Mr. Théodôre Sauzier dont la bibliothèque Coloniale est gracieusement mise la disposition des chercheurs.

“ Elle est administrée à l'intérieur, soit en décoction,
“ soit en suc simplement extrait des feuilles. Le guérit-
“ vite est un puissant sudorifique ;

“ Il rentre comme base principale dans la préparation
“ d'un sirop dont Mr. Ed. Périchon est l'inventeur. Ce
“ sirop, auquel nous réservons plus tard une mention
“ spéciale, figure dans nos envois.

“ Cette plante est employée avec beaucoup de succès
“ contre le *tambave*, maladie commune chez les enfants
“ à la Réunion, à Maurice, à Madagascar, contre les
“ maladies dartreuses, syphilitiques et contre les affections
“ de la peau qui tendent à dégénérer en lèpre.

“ Appliquée sur les ulcères, soit sous forme de cata-
“ plasmes, soit par l'aspersion de son suc, elle les déssèche
“ et les cicatrise promptement. Pour les plaies vives et
“ les brûlures, ce remède est populaire à la Réunion.
“ Lorsque l'estomac a besoin de stimulant, l'infusion
“ des fleurs du guérit-vite augmente la puissance diges-
“ tive. ”

“ Douée, en outre des mêmes qualités que la camomille,
“ cette plante est encore plus efficace. Elle a un goût
légèrement âpre et amer.

“ Elle se multiplie dans nos champs à profusion et
“ pendant toute l'année, et je crois qu'il serait facile de
“ l'acclimater en France. En parlant du sirop, à la page
“ 34, il est dit que ce sirop est exclusivement composé de
“ substances végétales.

“ Employé, à la Réunion depuis un très grand nombre
“ d'années, il a toujours produit les meilleurs résultats.

“ Il guérit :

“ Les maladies cutanées de nature dartreuse ou véné-
“ rienne, la goutte, même ancienne, le carreau et le
“ *tambave* qui atteignent les enfants.

" La syphilis a tous les degrés avec plus ou moins de
" promptitude selon l'intensité du mal, l'âge ou la cons-
" titution du malade ; le scorbut et généralement toutes
" les âcrétés du sang ; les engorgements des glandes,
" même à l'état cancéreux ; absorbé pendant une grossesse,
" ce sirop agit avec tant de puissance que les mères, qui
" ne pouvaient jusque-là conserver aucun enfant, en ont
" aujourd'hui d'une constitution et d'une santé parfaites.

" Il a également la vertu de ramener l'évacuation
" périodique chez les femmes, même, après un long temps
" de suppression."

Au Commencement de l'année nous expédions à M. Christy F.L.S. une certaine quantité d'herbe de Flacq, avec prière de l'expérimenter dans les hôpitaux d'Europe. M. Christy en fit préparer une teinture composée de 75 grammes de feuilles sèches de *Siegesbeckia* pour 56 centilitre d'alcool rectifié ; il en remit au Dr. J. Hutchison, médecin de *L'Anderson's college Dispensary Glasgow* qui voulut bien en faire l'expérience sur les maladies parasitaires. Les résultats obtenus par le Dr. Hutchison sont certainement très encourageants, et ces expériences doivent être continuées, surtout lorque nous voyons les bons effets de la teinture de Siegesbeckia sur le parasite de l'herpès circiné, affection fréquente, à caractère rebelle dans nos climats.

M. Hutchison a publié le résultat de ses expériences dans le No. 10 de "*New Commercial plants & Drugs*" publié par M. T. Christy F. L. S. Londres 1887. Nous traduisons ici l'intéressant rapport du Dr. Hutchison :—
" J'ai employé cette préparation, à l'intérieur et à l'extérieur, dans divers maladies ; j'ai obtenu des succès variés à divers degrés. J'en donne un résumé des cas typiques et traités avec plus de succès. J'ai adopté comme guide pour la sélection des maladies, la note du Dr. Daruty, de l'Ile Maurice, publiée par M. Christy dans le No. 9 des *New Commercial plants & Drugs*. Londores 1886. Parmi ces maladies, M. Daruty mentionne l'herpès parasitaire, et comme j'avais en ce moment à l'hôpital trois cas de cette maladie, je fis immédiatement l'application du nouveau remède.

Observation I.—W. K. male, agé de 12 ans, me fut conduit par sa mère afin de me consulter au sujet d'une plaque circulaire que l'enfant avait sur le scalpe et qu'elle croyait être une dartre.

La configuration circulaire de la plaque, les cheveux devenus cassants, exposant une surface arrondie comme une véritable tonsure, couverte de débris épidermiques, je n'eus aucune difficulté à poser le diagnostic de *Tinea.*

L'enfant était fort, en bonne santé et sans trace de scrofule. Je ne jugeai, pas nécessaire dans ce cas de m'attacher à l'état général, je me contentai d'un traitement local qui fut le suivant : je coupai les cheveux aussi court que possible et je fis frotter la partie malade, matin et soir, avec un mélange à partie égale de teinture de Siegesbeckia et de Glycérine. Je ne fis pas l'épilation, parceque j'étais anxieux de voir l'effet de ce remède avant d'avoir recours à ce moyen. Je revis le malade au bout de trois jours : la surface affectée était propre sans débris furfuracés, les bouts de cheveux brisés disparaissaient, le cuticle était rouge comme s'il avait reçu un coup de rotin, et je ne vis aucune apparence d'Herpès ; au bout d'une semaine ou deux le malade était guéri et on voyait apparaître une poussée de cheveux fins et soyeux.

Observation II. *Tinea Circinata.*—J. K. frère du précédent me fut conduit en même temps. Il avait une petite plaque rouge, de la largeur d'un franc, sur la tempe ; la ligne de démarcation était rouge, élevée et vésiculaire, le centre de la plaque était pâle et recouvert d'une desquamation épidermique resemblant à du son.

J'ordonnais la même préparation de Glycérine et de teinture de Siegesbeckia pour être employée de la même manière; le résultat fut des plus satisfaisant ; la desquamation disparut, les bords élevés s'affaissèrent, une légère rougeur de la peau persista pendant quelques jours et le malade fut guéri

Observation III. *Tinea Sycosis.*—T. M.—Mâle, âgé de 25 ans, attribue sa maladie à un rasoir contaminé ; lorsque je le vis pour la première fois il portait au menton plusieurs masses de pustules de formes irrégulières ; chaque pustule était traversée par un poil ; et la base de chaque masse pustuleuse était rouge, enflée, et infiltrée ; le traitement fut le même, teinture de Siegesbekia et Glycerine en partie égale et le résultat fut le même ; les petites pustules pointues s'affaissèrent graduellement et la couleur de figues mûres du menton se changea en une rougeur, comme dans les deux cas précédents.

Au bout d'un ou deux jours cette rougeur disparut, la peau reprit sa couleur naturelle et les poils de la barbe commencèrent à pousser. Chez ces trois malades ce médicament semblait agir de deux façons, comme une parasiticide, et comme un stimulant à la pousse de nouveaux cheveux sains. En tenant compte du grand nombre de remèdes recommandés pour ces maladies, parfois rebelles à tout traitement, et du résultat obtenu, bien que le nombre des malades traités fut restreint, je suis d'opinion que ce médicament a une certaine valeur. J'ai essayé le même médicament dans une autre classe de maladie où la presence d'un parasite est signalée, ce dernier est-il la cause ou l'effet de ces affections ? c'est encore une question à débattre. Je veux parler du muguet et des ulcérations de la bouche.

Ces affections, il est vrai, ne sont pas généralement aussi réfractaires au traitement que l'Herpès. Le médicament néanmoins prouva que l'on pouvait compter sur lui.

Observation IV. *Muguet.* Un enfant âgé 16 mois me fut porté par sa mère. L'intérieur de la bouche était tapissé de plaques blanches, qui, en divers endroits, s'étaient réunies en masse de façon à laisser croire que la face interne des joues, les gencives, la langue était recouverte d'une membrane diphthérique ; en même temps que des mesures de propreté, j'ordonnai de badigeonner, trois fois par jour, les parties affectées avec un mélange de 8 grammes de teinture de Siegesbeckia et de 30 grammes de Sirop simple ; au bout de 3 jours on me porta l'enfant de nouveau ; la muqueuse buccale était propre et se trouvait dans les conditions normales de santé. J'appris de la mère qu'à la première application du médicament, l'enfant se trouva mieux, qu'avant la fin du second jour les taches blanches avaient entièrement disparu et que la bouche était propre.

Observation V. *Ulcère buccal.* Je vis à ma consultation une jeune fille qui souffrait d'un point très douloureux, à surface blanche, à la partie externe de la joue ; en examinant je découvris un petit ulcère de la longueur d'une pièce de 50 centimes à bords relevés et à centre déprimé, recouvert d'un épithélium louche. L'ulcère fut badigeonné matin et soir avec un mélange de teinture de Siegesbeckia et de Glycérine; avant la fin de la semaine la partie affectée était complétement guérie.

Le Dr Hutchison cite encore d'autres observations qui prouvent les bons effets de Siegesbeckia employé sur les ulcères et les blessures. Il n'y a aucun danger, soit local, soit constitutionnel, ajoute-t-il, à craindre de l'usage continu du Siegesbeckia ; il n'est pas nécessaire de préparer la partie affectée, d'autant plus, que le glycéroli de Siegesbeckia nettoie, non seulement, le cuticule mais en même temps tue le parasite.

Quoique le Dr Hutchison, emploie généralement un glycéroli en partie égale, il n'y voit pas d'objection à augmenter, dans les cas rebelles, la Teinture de Siegesbeckia; soit : $\frac{3}{4}$ de teinture pour $\frac{1}{4}$ de glycérine. Il a aussi employé le sirop de Siegesbeckia, qui, selon lui, agit comme stomachique et augmente l'appétit.

Nous pourrions citer de nombreux exemples de cures obtenues par l'herbe de Flacq, tant à Maurice qu'à la Réunion ; nous avons seulement tenu à faire connaître les résultats obtenus dans les hôpitaux d'Europe, pour ne pas être taxé d'enthousiasme colonial.

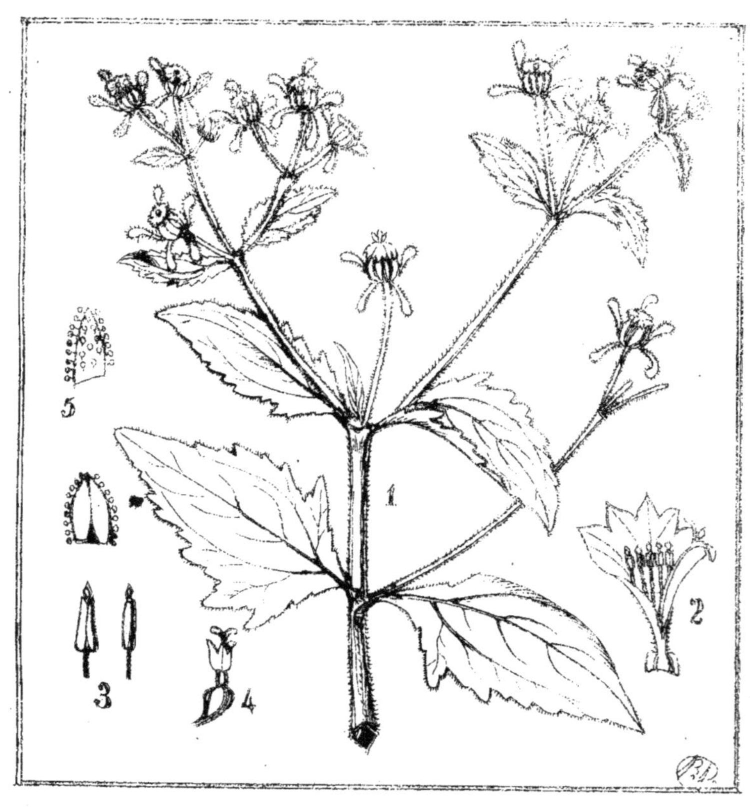

Siegesbeckia Orientalis. Lin. D. C.

(1) *La plante entière.*
(2) *Fleuron.*
(3) *Etamine.*
(4) *Pistil et achâine.*
(5) *Bractée pourvue de poils glanduleux.*

www.ingramcontent.com/pod-product-compliance
Lightning Source LLC
LaVergne TN
LVHW052017160826
845678LV00003B/1081
9782329654652